BIBLIOTHÈQUE DRAMATIQUE

Théâtre moderne.

LES
MARIONNETTES
DU DOCTEUR,

DRAME EN 5 ACTES

Par MM. MICHEL CARRÉ et JULES BARBIER.

Prix : 1 franc.

MICHEL LÉVY FRÈRES, LIBRAIRES-ÉDITEURS

RUE VIVIENNE, 2 BIS.

PARIS — 1852

LES
MARIONNETTES DU DOCTEUR

DRAME EN CINQ ACTES

PAR

MM. MICHEL CARRÉ ET JULES BARBIER.

MUSIQUE DE M. ANCESSY.

Représenté pour la première fois, à Paris, sur le second Théâtre Français, le 29 décembre 1851.

Distribution de la pièce.

Le docteur LEBON.	MM. TISSERANT.
GEORGES DE VERNON.	CLARENCE.
HENRI DE VERNON.	E. PIERRON.
Le comte de VILLIERS.	HARVILLE.
PIGEONNEAU.	TÉTARD.
JACQUES BERNARD.	FLEURÉT.
PIERRE BRETON.	MARTEL.
DURET.	ROGER.
LA BRIE.	BOUDEVILLE.
M. DE SALGUES.	METRÈME.
M. DU BASTARD.	PHILIPPE.
M. DE SAINT-ALBIN.	CHÉRI.
Le Commandeur de LAURAC.	VIDEIX.
PAUL	
JULES.	Enfants de 4 à 5 ans.
La Comtesse de VILLIERS.	Mmes SARAH-FÉLIX.
MARIE.	ROGER-SOLIÉ.
ROSE.	C. JOLIVET.
MARIETTE.	BILHAUT.
Mme DE MIRANDE.	DUPONT.
Mlle DE MIRANDE.	
SOEUR THÉRÈSE.	
SUZETTE.	

Un commissaire de police. Un agent de police. Un commissionnaire.

La scène se passe en Normandie chez le Docteur.

LES MARIONNETTES DU DOCTEUR.

ACTE PREMIER. — PROLOGUE.

LES MARIONNETTES.

LE CABINET DU DOCTEUR.

SCÈNE PREMIÈRE.

LE DOCTEUR, MARIE, ROSE.

(Au lever du rideau, le docteur, assis près d'un guéridon, à droite, achève la toilette d'un pantin. — Rose et Marie entrent par une des portes du fond.)

LE DOCTEUR, *se retournant.*

Eh bien?... que me voulez-vous?

MARIE.

Comment, mon oncle, vous nous renvoyez !

LE DOCTEUR.

Oui, ma nièce; j'ai besoin de réfléchir !...

ROSE.

Et à quoi, s'il vous plaît ?

LE DOCTEUR.

C'est mon secret.

MARIE.

A quelque nouvelle comédie sans doute... car voilà des pantins que je ne connaissais pas.

LE DOCTEUR.

Chut!... c'est une surprise que je vous prépare. — En attendant, faites-moi la grâce de veiller au souper.

ROSE.

M. Henri doit venir ?

LE DOCTEUR, *souriant.*

Peut-être.

MARIE.

Et M. Georges ?

LE DOCTEUR.

Probablement.

LES DEUX JEUNES FILLES.

Ah!

LE DOCTEUR, *à part.*

Chères enfants! (*Haut.*) Allons! allons! à bientôt, mes nièces.

LES DEUX JEUNES FILLES.

A bientôt, mon oncle. (*Le docteur les embrasse.—Elles sortent.*)

SCÈNE II.

LE DOCTEUR, *seul.*

Voilà mon dernier pantin terminé. — le drôle est facile à reconnaître ! C'est Pigeonneau lui-même dans ses nouveaux habits. (*Le faisant mouvoir.*) Oui, parbleu ! rien qu'à voir cette face rubiconde et ces mouvements saccadés, personne ne s'y trompera. (*Ouvrant une petite armoire.*) Pendons-le pour l'instant avec les autres, nous le délivrerons quand nous aurons besoin de lui. (*Il l'enferme.*) Pourvu que nos jeunes voisins ne se fassent pas trop attendre ce soir ! — Tout est prêt... mes acteurs sont là, rangés en bataille dans l'armoire, et, quand l'heure viendra de frapper les trois coups, je suis sûr de les retrouver à la même place. — Parlez-moi de comédiens comme ceux-là ! Quelle modestie ! et quel zèle ! Personne ne se plaint de son rôle, et personne ne se dit enrhumé ! Jamais de querelles, jamais d'annonce à faire au public au moment de commencer la pièce. C'est charmant ! (*Il s'asseoit et réfléchit.*) Voyons, Georges et Henri de Vernon sont deux fous, et je m'intéresse trop au bonheur de l'un et de l'autre pour ne pas essayer de les guérir de leur folie par un bon avis. — L'un, tête exaltée, âme enthousiaste, ne voit les choses qu'à travers un voile doré, ne rêve que faciles conquêtes et rapides amours ; l'autre, esprit plus sombre et plus défiant, ne regarde que le mauvais côté des choses, et ne demande, comme Alceste, qu'à se retirer du commerce des hommes ! L'un voit tout en rose et l'autre tout en noir ! (*Riant.*) Ah ! ah ! ah ! pauvres garçons ! votre folie est la même, il n'y a que le verre de la lunette qui diffère ! — Je vous forcerai bien de regarder les gens avec vos yeux. (*Se levant.*) Il s'agit donc de les avertir à temps ; de prouver à l'un que la solitude n'est bonne à rien, et à l'autre que les aventures amoureuses ont parfois leurs ennuis. — S'ils refusent de me comprendre, tant pis pour eux, je les abandonne à leur mauvais sort ! — Quant à mes deux nièces, ma foi, je leur trouverai d'autres maris, puisque ces messieurs sont assez sots pour ne pas s'apercevoir qu'on les aime. — L'humeur sombre de monsieur Georges n'a pas trop effarouché notre chère Marie, à ce que j'ai pu voir, et l'esprit aventureux de monsieur Henri ne pouvait déplaire aux idées un peu romanesques de mademoiselle Rose ; si nos chers voisins quittent le pays, je prévois bien des larmes... Pourquoi diable aussi leur ai-je ouvert ma porte ? Triples sots ! cerveaux fêlés ! rêveurs absurdes ! le bonheur est là qui vous sourit, qui vous tend la main... Retournez-vous, allez à lui, avant qu'un autre s'en empare !

SCÈNE III.

LE DOCTEUR, PIGEONNEAU.

LE DOCTEUR.

Ah ! c'est toi, Pigeonneau ?

PIGEONNEAU.

Oui, monsieur le docteur.

LE DOCTEUR.

Est-ce que tes maîtres ne sont pas avec toi?

PIGEONNEAU.

Non, monsieur le docteur. Ces messieurs m'ont chargé de faire savoir à Monsieur qu'ils comptent avoir l'honneur de rendre visite à Monsieur en revenant de la chasse.

LE DOCTEUR.

Oh! oh! comme tu t'exprimes avec élégance, Pigeonneau.

PIGEONNEAU.

Monsieur le docteur me comble!

LE DOCTEUR.

Te voilà transformé en laquais de bonne maison; tu as un air solennel qui m'enchante, et ta livrée me paraît superbe. Tourne-toi un peu que je t'admire. (*A part.*) C'est étonnant comme il ressemble à ma marionnette. (*Haut.*) Tu es donc tout à fait décidé à planter là la bêche et l'arrosoir pour aller à Paris?

PIGEONNEAU.

M. le docteur sait bien qu'il n'y a pas à revenir là-dessus.

LE DOCTEUR.

Ton parti est pris! Tu abandonnes sans pitié cette pauvre Madelon qui t'aime tant! Avoue, au moins, que c'est une bonne fille!

PIGEONNEAU.

Comme les autres, monsieur le docteur, quand elle dort! Tenez, je viens de la rencontrer ici près, sous les arbres, elle ne m'a pas reconnu.

LE DOCTEUR.

A cause de ton nouvel habit?

PIGEONNEAU.

C'est bien possible.

LE DOCTEUR.

Et tu ne lui as rien dit?

PIGEONNEAU.

Je ne savais trop que lui dire; elle aurait pleuré, bien sûr! et ça m'aurait donné peut-être du regret de la quitter; d'ailleurs, j'étais pressé de faire ma commission.

LE DOCTEUR.

Ton devoir avant tout.

PIGEONNEAU.

Dame, oui!

LE DOCTEUR.

C'est bien.

PIGEONNEAU.

Monsieur le docteur me comble!

LE DOCTEUR.

Tant pis pour elle, elle se consolera comme elle pourra; une fois à Paris, toi tu l'auras bientôt oubliée... Tu feras tout d'abord la conquête de quelque jolie cameriste qui t'aidera à faire fortune et à compléter ton éducation. Au lieu d'être le coq du village, tu seras celui de toutes les antichambres un peu bien hantées du faubourg Saint-Germain ou de la Chaussée-d'Antin; le bruit de tes triomphes amoureux viendra jusqu'ici, et tes amis seront jaloux de ton bonheur. N'est-ce pas ce que ton maître t'a promis?

PIGEONNEAU.

M. Henri de Vernon a eu la bonté de me faire espérer que mon voyage à Paris ne serait pas sans quelques petits agréments. J'ai cru devoir ajouter foi à ses paroles.

LE DOCTEUR.

Et tu as bien fait, Pigeonneau! Tu as très-bien fait, mon garçon! M. Henri de Vernon est ton frère de lait, il t'aime trop pour vouloir te tromper! C'est un jeune homme sensé, d'ailleurs, qui connaît le monde et qui voit les choses comme il faut; tu ne saurais faire mieux que de suivre toujours ses leçons, je serais incapable de t'en donner de meilleures. Songe seulement à te bien tenir en garde contre les mauvaises inspirations et les méchants conseils de tes amis; de bon et d'honnête serviteur que tu es, ne va pas devenir un jour ce qu'on appelle un coquin, et tomber, de chute en chute, de la galanterie dans l'effronterie, de l'effronterie dans l'ivrognerie, de l'ivrognerie dans la fourberie, de la fourberie dans la friponnerie, et de la friponnerie dans les mains de la gendarmerie où t'aura conduit ton voyage à Paris.

PIGEONNEAU.

Monsieur le docteur plaisante?

LE DOCTEUR.

Non, pardieu! je ne plaisante pas! J'en ai vu de plus honnêtes que toi devenir en peu de temps d'effrontés coquins. Mais nous reviendrons là-dessus plus tard; il faut que je m'occupe du souper et que j'avertisse mes deux nièces de la visite de ces messieurs.

PIGEONNEAU.

Ces demoiselles sont en ce moment dans le pavillon du jardin; j'ai eu l'honneur de les saluer en passant. Mademoiselle Rose essayait de déchiffrer la musique nouvelle que M. Henri a rapportée de Paris, et mademoiselle Marie l'accompagnait sur le piano. C'était charmant!

LE DOCTEUR.

Tu trouves?

PIGEONNEAU.

Monsieur le docteur me permettra de lui dire que je suis fou de la musique; il est juste aussi d'ajouter que mademoiselle Rose chante comme un ange.

LE DOCTEUR.

Ah ! ah ! tu t'es aperçu de cela, toi ?

PIGEONNEAU.

Il suffit d'avoir des oreilles.

LE DOCTEUR.

Tu en as, Pigeonneau, tu en as !

PIGEONNEAU.

Monsieur le docteur me comble.

LE DOCTEUR.

Fais-moi le plaisir d'allumer du feu dans la cheminée pendant que je vais donner mes ordres par là. Les soirées commencent à être froides, et nos chasseurs ne seront peut-être pas fâchés de se chauffer les pieds en arrivant. Tu viendras m'avertir dès qu'ils seront ici.

PIGEONNEAU.

Monsieur le docteur peut être sûr que ses ordres seront ponctuellement suivis.

LE DOCTEUR.

C'est bien. (*Il sort.*)

SCÈNE IV.

PIGEONNEAU, *seul.*

C'est un brave homme que ce docteur, malgré son air narquois et ses recommandations malséantes ! que diable a-t-il voulu me dire avec ses gendarmes ? Est-ce qu'il me croit capable de commettre un jour quelque mauvaise action ? Fi donc ! Les Pigeonneau ont toujours marché dans le bon chemin, et je ne suis pas homme à souiller le nom de mes ancêtres ! (*Se promenant le jarret tendu et la tête haute.*) Paris, d'ailleurs, n'est dangereux que pour les imbéciles ! Je n'ai rien à craindre. — Les femmes sont diantrement jolies à Paris, les femmes de chambre surtout. (*Il pousse un soupir.*) Eh bien ! à quoi diable vais-je penser ? Mon feu devrait déjà être allumé. (*Il s'approche de la cheminée et allume le feu.*)

SCÈNE V.

PIGEONNEAU, GEORGES, HENRI.

HENRI, *sur le seuil.*

Je te répète que j'ai chargé Pigeonneau d'annoncer notre visite. Et, tiens, parbleu ! le voilà. As-tu fait ma commission ?

PIGEONNEAU.

Monsieur doit me connaître assez pour n'en pas douter.

HENRI.

C'est bien. Place nos fusils dans un coin et va nous annoncer. (*Otant sa carnassière.*) Tu porteras ensuite cela à la cuisine.

PIGEONNEAU.

C'est un plaisir pour moi d'obéir à Monsieur.

GEORGES.

C'est bon ! c'est bon ! (*Le poussant par les épaules.*) Laisse-nous !

PIGEONNEAU.

Ces Messieurs n'ont plus besoin de moi ?

GEORGES.

Non ! va-t-'en !

PIGEONNEAU.

Je m'en vais. (*Il sort.*)

SCÈNE VI.

GEORGES, HENRI.

GEORGES.

Quelle brute que ce garçon-là ! Pourquoi diable nous sommes-nous embarrassés d'un pareil imbécile ?

HENRI.

Bah ! que veux-tu ! C'est ton frère de lait !

GEORGES.

Ce n'est pas une raison pour le traîner partout à notre suite sous cette livrée ridicule.

HENRI.

Oh ! c'est qu'il a voulu faire un peu de toilette pour aller à Paris.

GEORGES.

Nous devrions le renvoyer à ses plates-bandes.

HENRI.

A quoi bon le chagriner? D'ailleurs, je crois qu'il se formera.

GEORGES.

Oui, il sera là bas à bonne école.

HENRI.

Voyons, calme-toi ! c'est assez nous occuper de ce pauvre diable qui te déplaît, je ne sais pourquoi. Viens t'asseoir près de moi, devant ce bon feu qui pétille dans l'âtre, comme pour nous inviter à rire. Déride un peu ce front plissé, secoue ta mauvaise humeur. Sois gai, si tu peux, une fois par hasard ! Fais comme moi, morbleu ! étends-toi dans un fauteuil, la tête à la renverse, et chauffe-toi les pieds.

GEORGES.

Je n'ai pas froid.

HENRI.

Belle raison ! Quoi de plus charmant, quoi de plus réjouissant à l'œil que cette flamme légère et vive qui danse au fond de cette vieille cheminée ; la fenêtre peut rester ouverte, le vent peut entrer librement ! une douce chaleur nous monte au cœur, pendant que notre âme s'enivre des derniers parfums de l'automne.

GEORGES.

Oh ! oh ! poëte !

HENRI.

Poëte tant que tu voudras, mon cher ! Mais je ne me suis jamais senti plus dispos et plus libre de soucis qu'en ce moment ! Nous courons depuis ce matin à travers champs, nous avons sauté par-dessus les haies, nous nous sommes enfoncés dans la forêt, à la poursuite d'un sanglier fantastique ; j'ai tué pour ma part deux lièvres et trois perdrix, que je suis enchanté de pouvoir offrir à notre cher voisin, le docteur. Me voilà assis dans un excellent fauteuil, en face d'une bûche embrasée, plus grosse qu'une bûche de Noël.... Que diable veux-tu que je demande de plus pour être content ?

GEORGES.

Tu te contentes quelquefois à moins.

HENRI.

Parbleu ! je n'ai pas, comme toi, la manie de traîner partout mon ennui et ma mauvaise humeur ; je ne suis pas venu passer trois mois dans ce pays pour rester enfermé dans notre vieux château, pour me priver du plaisir de courir les champs en plein soleil, de respirer le grand air à pleins poumons, de conter fleurette aux paysannes et de danser avec elles le dimanche.

GEORGES.

Au risque de te faire casser les reins à coups de gaule par quelque mari jaloux.

HENRI.

Ah! ah! ah! te voilà bien avec tes idées.

GEORGES.

Que ne fais-tu plutôt la cour aux nièces du docteur ? elles valent bien tes gardeuses de dindons, j'imagine ?

HENRI.

A te dire vrai, j'en avais eu un moment l'idée. Mais bah ! j'ai considéré que c'étaient d'honnêtes petites filles, élevées dans le respect des contrats et des notaires, et cela m'a refroidi l'imagination.

GEORGES.

Voilà, du moins, un terrain où nous nous entendons à merveille, et tu sais que je n'ai pas plus de goût que toi pour le mariage.

HENRI.

Renoncer à sa liberté, s'astreindre à une règle, à des habitudes, à des minuties qui étiolent et rapetissent l'esprit, n'est-ce pas pitoyable ?

GEORGES.

Ne plus être maître de sa pensée, voir sans cesse les détails

fatigants d'un ménage se jeter à la traverse de votre repos et
de votre méditation, n'est-ce pas impossible ?

HENRI.

Les aventures, il n'y a pas autre chose.

GEORGES.

La solitude, tout est là !

HENRI.

Elles sont jolies, pourtant !

GEORGES.

Charmantes ! Il y a surtout dans mademoiselle Marie quelque chose de noble et d'élevé, où l'on se laisserait prendre si l'on
était un sot.

HENRI.

Ah ! mademoiselle Rose a un air de grâce et de candeur qui
pourrait mener loin, si l'on n'y prenait garde.

GEORGES.

Oui, mais que resterait-il de tout cela après le mariage ?

HENRI.

Le regret de s'être marié.

GEORGES.

Parbleu !

HENRI.

C'est pourquoi il faut rire, boire et chanter. Je suis garçon,
pardieu ! les maris n'ont qu'à bien se tenir.

GEORGES.

Autre sottise !

HENRI, *tirant une lettre de sa poche.*

Tiens, regarde ! C'est elle qui m'écrit, mon ami ! c'est elle qui
m'envoie ce billet parfumé pour me rappeler ! pour me dire
qu'elle m'attend ! comprends-tu ma joie ?

GEORGES.

De qui parles-tu ?

HENRI.

De la comtesse de Lansac, parbleu ! de ma ravissante comtesse !

GEORGES.

Et tu te crois aimé ?

HENRI.

Pourquoi m'écrirait-elle si elle ne m'aimait pas ! Tout au
moins je veux en être éclairci, et je ne reste pas dans ce pays
un jour de plus. Mais toi ! mon pauvre ami, que vas-tu faire à
Paris ?

GEORGES.

Ton pauvre ami va se faire journaliste.

HENRI.

Journaliste, avec tes vingt-cinq mille livres de rente !.....
quelle plaisanterie !

1.

GEORGES.

Je ne plaisante pas, c'est très-sérieux. Il faut bien se créer une occupation, si l'on ne veut périr d'ennui. Au reste, il ne s'agit pour moi que de bavarder de temps à autre sur des sciences que je ne sais pas et que je désire apprendre ! Eh ! tiens, voilà la lettre de mon journaliste, un ancien camarade d'école, qui m'offre une petite place scientifique au grand banquet de la presse parisienne. Cela convient à mes goûts et j'accepte. Tu courtiseras tes grandes dames, j'assommerai mes lecteurs, et de cette façon, du moins, nous serons heureux, chacun à notre manière.

HENRI.

A merveille ! Il n'y a rien à dire à cela.

SCÈNE VII.

Les mêmes, LE DOCTEUR.

LE DOCTEUR, *à part.*

Ah ! vous partez demain, mes amis ! C'est ce que nous verrons.

HENRI *d Georges.*

Voici le docteur !

LE DOCTEUR, *s'avançant vers eux.*

Pardonnez-moi de vous avoir fait attendre, j'étais dans le jardin avec mes deux petites nièces.

HENRI.

Comment se portent ces demoiselles ?

LE DOCTEUR.

Très-bien, je vous remercie.

HENRI.

Est-ce que nous n'aurons pas le plaisir de les voir ?

LE DOCTEUR.

Si fait, tout à l'heure ; car nous souperons ensemble, n'est-ce pas ?

GEORGES.

Mais, docteur...

LE DOCTEUR

Si vous refusez mon invitation, je refuse votre gibier.

HENRI.

Nous acceptons avec joie, d'autant que c'est la dernière soirée que nous passons avec vous, docteur.

LE DOCTEUR.

La dernière ?

GEORGES.

Nous partons demain.

LE DOCTEUR, *à Henri.*

N'est-ce pas l'amour qui vous rappelle à Paris ? Vous avez reçu, ce matin, quelque tendre billet, sans doute ?

HENRI.

Comment savez-vous ?

LE DOCTEUR.

Il y a trois mois qu'on ne vous voit plus, et l'on commence à s'apercevoir de votre absence. On revient des eaux ou de la campagne, on se retrouve seule avec son mari, et l'on songe à rappeler ses amis... « Venez, je vous attends !... » Deux mots qui ont l'air de promettre beaucoup et qui ne tiennent rien.

HENRI.

Permettez...

LE DOCTEUR.

Pour vous, mon cher Georges, c'est un journal qui vous attend, n'est-ce pas? Le travail, les veilles, la fièvre ! d'autres soins et d'autres amours ! bonne chance ! et ne nous regrettez pas trop.

GEORGES.

Mais, docteur...

LE DOCTEUR.

Ce que j'en dis n'est pas pour chercher à vous retenir. Partez ! soyez heureux , c'est tout ce que je souhaite. — Aimez-vous le madère?

HENRI.

Assurément, quand il est bon.

LE DOCTEUR.

Eh bien ! j'ai dit à Pigeonneau de nous en apporter. — Fumez vous?

GEORGES.

Parbleu !

LE DOCTEUR.

Avec un cigare, ce sera de quoi attendre gaîment l'heure du souper.—Maintenant , mes chers amis, j'ai une petite requête vous faire.

HENRI.

Laquelle, docteur?

LE DOCTEUR.

Il n'est pas que vous n'ayez entendu parler de mes marionnettes, sans doute. Retiré dans ce vieux château, seul avec mes deux nièces, libre de mon temps enfin, je me suis pris un beau jour d'une belle passion pour le théâtre.

Et j'avais soixante ans quand cela m'arriva!

Que faire?—Je ne pouvais transporter ici la Comédie française. C'est alors que l'idée me vint de me jouer à moi-même tout le vieux répertoire avec des comédiens de ma façon. Je construisis mon théâtre, j'habillai mes artistes, j'allumai la rampe, je convoquai mes nièces en guise de public, je jouai *Zaïre*, et le succès passa mes espérances. Heureux si j'avais su me contenter de mon bonheur; mais l'ambition perd l'homme, mes chers messieurs, et voici ce qui arriva : de directeur, je me fis auteur.

GEORGES.

Ah ! diable !

LE DOCTEUR.

Et j'ai composé une sorte de comédie en trois actes sur laquelle je voudrais avoir votre sentiment. Mon souper n'était qu'un piége.

GEORGES.

Je m'en doutais.

LE DOCTEUR.

Nous avons deux heures devant nous, mes acteurs sont prêts, dites un mot et la toile se lève.

HENRI.

Pardieu ! j'adore le spectacle, et vous ne pouviez avoir une meilleure idée.

LE DOCTEUR.

Votre frère n'a pas l'air aussi enchanté que vous.

GEORGES.

Pardonnez-moi, docteur... Quand je fume, tout m'est égal.

LE DOCTEUR.

Justement voici Pigeonneau qui nous arrive avec des cigares.

SCÈNE VIII.

LES MÊMES, PIGEONNEAU, *portant un plateau sur lequel sont des cigares, du madère et des biscuits.*

LE DOCTEUR.

Place tout cela sur la table, mon garçon.

PIGEONNEAU, *posant le plateau sur le guéridon.*

Voilà, monsieur le docteur.

GEORGES.

S'occupe-t-on du souper ?

PIGEONNEAU.

Le lièvre est à la broche, et ces demoiselles préparent, je crois, pour ces messieurs, quelques petites friandises de leur façon.

LE DOCTEUR.

C'est bon ! à votre santé, Messieurs !

HENRI.

A la vôtre, docteur ! A mademoiselle Rose ! si vous voulez bien le permettre.

GEORGES.

A mademoiselle Marie !

LE DOCTEUR.

De tout mon cœur ! Messieurs. (*Ils trinquent et boivent.*) Et maintenant, je vous demande un peu de silence. Tu peux rester, Pigeonneau ; ton avis ne me sera pas inutile.

PIGEONNEAU.

Sur quoi donc ! monsieur le docteur?

LE DOCTEUR, *ouvrant l'armoire et en retirant ses marionnettes.*

Sur une comédie que ces drôles-là vont représenter devant toi.

PIGEONNEAU.

Une comédie ? — Monsieur me comble !

LE DOCTEUR.

Vous voyez que mes personnages sont nombreux. — Peut-être en reconnaîtrez-vous quelques-uns. — Je crois que le premier acte vous intéressera, monsieur Henri... que le second ne vous sera pas indifférent, monsieur Georges.

HENRI.

Et le troisième ?

LE DOCTEUR.

Vous verrez !

PIGEONNEAU.

Ce sera drôle.

LE DOCTEUR.

Ce sera peut-être moins drôle que Pigeonneau ne le croit ; mais, au moins, ferai-je tous mes efforts à ne pas trop vous ennuyer.

GEORGES, *à part.*

Etrange original !

(*Le docteur va au fond du théâtre, touche du doigt la boiserie et fait mouvoir un ressort. Les panneaux s'écartent et laissent voir un petit théâtre dont la rampe est allumée et le rideau baissé.*)

LE DOCTEUR.

Voilà mon théâtre. (*Montrant ses marionnettes.*) Et voici mes comédiens. Permettez-moi de passer dans les coulisses ; je frapperai les trois coups d'usage avant de commencer... Pardon, j'oubliais mon violon. (*Il passe derrière le petit théâtre. — Musique à l'orchestre jusqu'à la fin de l'acte. — Georges et Henri sont assis en face l'un de l'autre, le coude appuyé sur le guéridon et le cigare a la bouche. — Pigeonneau est debout derrière eux, le cou tendu en avant et les yeux tournés vers le fond.*)

GEORGES.

Il est fou avec ses marionnettes !

HENRI.

Bon ! le docteur n'est pas un sot, et je suis sûr que ses comédies ne sont pas plus ennuyeuses que celles qu'on nous fabrique là-bas.

GEORGES.

La comparaison n'est pas rassurante.

PIGEONNEAU, *à Henri.*

Si je ne craignais d'offenser Monsieur, je dirais à Monsieur que j'ai cru le reconnaître parmi les marionnettes que monsieur le docteur tenait tout à l'heure à la main.

HENRI.

Moi ?

PIGEONNEAU, *montrant Georges.*

Ainsi que monsieur. (*Georges fait un mouvement.*) Je ne l'assurerais pas, mais il me semble bien que je ne me suis pas trompé.

HENRI.

Chut!

(*Après quelques mesures de violon, la toile du petit théâtre se lève et laisse voir un riche salon à pans coupés. — Trois portes au fond. Une table couverte d'albums, une lampe allumée sur un guéridon. Une causeuse près de la cheminée. Deux jardinières garnies de fleurs entre les portes du fond.*)

UNE VOIX, *à la cantonade.*

De la part de M. Henri de Vernon, vous dis-je! il faut que je parle à mademoiselle Mariette.

(*La porte du fond s'ouvre; une marionnette, vêtue d'une livrée pareille à celle de Pigeonneau, paraît sur le seuil un bouquet à la main.*)

LA MARIONNETTE.

Comment, personne?

PIGEONNEAU.

Tiens, c'est moi!

HENRI.

Chut!

(*Un nuage couvre le théâtre. — Musique à l'orchestre. — Bientôt le nuage disparaît et laisse voir un grand salon occupant toute la scène et exactement semblable à celui qu'on a vu représenté sur le petit théâtre. Pigeonneau est sur le seuil de la porte, tenant un bouquet à la main et continuant le monologue commencé par la marionnette du docteur.*)

ACTE II.

UN MÉNAGE DE LA CHAUSSÉE D'ANTIN.

LE SALON DE LA COMTESSE.

SCÈNE PREMIÈRE.

PIGEONNEAU, *seul.*

Personne? Attendons! Me voilà donc à Paris! Te voilà à Paris, Pigeonneau! dans la capitale du monde civilisé! au centre de toutes les belles choses! au milieu des célébrités du jour! Perdu comme un autre dans la foule, tu marches depuis un mois de surprise en surprise, tu coudoies un grand homme à chaque pas sans t'en douter! On te coudoie à ton tour... sans façon! Les voitures t'éclaboussent, les passants te marchent sur les pieds, les voleurs te prennent ton mouchoir dans ta poche pendant que tu lis les affiches... Heureux Pigeonneau! ton rêve se réalise! Tes vœux sont exaucés! Oui, voilà le bonheur que j'avais souhaité ! Mon jeune maître aime comme moi le bruit et le plaisir ! Grâce à lui, toutes les portes s'ouvrent devant moi ! je me glisse à sa suite dans les coulisses de l'Opéra... j'assiste... la serviette sous le bras, à ses petits soupers, je remets des messages d'amour entre de blanches mains de marquise ou de duchesse !... Oh ! les duchesses ! j'ai toujours été fou des duchesses !

SCÈNE II.

PIGEONNEAU, MARIETTE, *puis* LA BRIE.

MARIETTE, *appelant.*

La Brie !... (*On sonne dans la chambre de droite.*)

PIGEONNEAU.

Mademoiselle Mariette, je vous salue.

MARIETTE.

Ah ! c'est vous, monsieur Pigeonneau ? — Bonsoir.

LA BRIE, *entrant.*

Madame a sonné ?

MARIETTE.

Oui, va vite. — Madame est depuis ce matin d'une humeur féroce. — Elle vient de me donner mon congé !

LA BRIE.

Ah bah ! (*On sonne de nouveau. Il entre chez la comtesse.*)

PIGEONNEAU.

Votre congé ? — Pourquoi donc cela, mademoiselle Mariette ?

MARIETTE.

Est-ce que je le sais ? — un caprice!

PIGEONNEAU.

Ah ! c'est fâcheux !

MARIETTE.

Soyez tranquille, elle me le paiera... Je suis fâchée qu'elle se soit coiffée elle-même, je l'aurais bien accommodée pour ce soir! Enfin, n'importe, on ne perd rien pour attendre.

PIGEONNEAU.

Vous donnez un grand bal ?

MARIETTE.

Non, une soirée d'intimes seulement; nous ne recevons que les amis. (*Montrant le bouquet.*) C'est vous qui avez apporté ça ?

PIGEONNEAU.

De la part de monsieur Henri de Vernon.

MARIETTE.

Combien vous coûte ce petit paquet de fleurs ?

PIGEONNEAU.

Je ne sais.

MARIETTE.

Votre maître est poète, je crois ?   Il fait des vers?

PIGEONNEAU.

Oui, Mademoiselle, des vers superbes !

MARIETTE, *riant.*

Ah ! vraiment ? (*A La Brie qui rentre.*) Eh bien ?

LA BRIE.

Madame demande si monsieur le comte est rentré à l'hôtel.

MARIETTE.

Tu as dit que non.

LA BRIE.

J'ai dit que monsieur le comte n'avait pas reparu depuis ce matin.

MARIETTE.

Faut-il allumer ?

LA BRIE.

Parbleu ! nous allons entendre les voitures. — Qu'est-ce que tu tiens là ?

MARIETTE.

Un bouquet pour Madame que monsieur Pigeonneau nous apporte de la part de son maître.

LA BRIE, *le saluant.*

Pardon, je ne vous voyais pas. (*Examinant le bouquet.*) Très-joli ! le comte m'en a fait porter un tout à fait semblable, je ne sais où, la semaine dernière. — Ça vaut trois louis. — Où faut-il le mettre ?

MARIETTE.

Attends un peu. (*Elle allume les bougies.*)

PIGEONNEAU.

Voulez-vous que je vous aide, mademoiselle Mariette ?

MARIETTE.

C'est inutile. (*A La Brie.*) Alors Monsieur le comte n'est pas rentré ?

LA BRIE.

Je ne l'ai pas revu.

PIGEONNEAU.

Si je puis vous être bon à quelque chose ?

MARIETTE.

Merci. (*A La Brie.*) Madame s'est fait servir à dîner dans sa chambre ; j'avais mis deux couverts comme à l'ordinaire, le sien et celui du comte, c'est mademoiselle Rose qui a pris la place du comte.

LA BRIE.

Oh ! oh !

MARIETTE.

Oui, mon cher, et j'ai eu l'honneur de la servir moi-même.

PIGEONNEAU.

Mademoiselle Rose ! la fille de monsieur le comte ?

MARIETTE.

La demoiselle de compagnie de Madame, s'il vous plaît.

LA BRIE.

Une fille qui n'a ni père ni mère, et qui se donne avec nous des airs de princesse.

MARIETTE.

Si le comte n'avait pas si bon goût, on pourrait croire...

PIGEONNEAU.

Quoi donc ?

MARIETTE, *lui tournant le dos.*

Votre maître se porte bien, monsieur Pigeonneau ?

PIGEONNEAU.

Assez bien, Mademoiselle, comme vous voyez.

LA BRIE, *riant aux éclats.*

Ah ! ah ! ah ! Il a une bonne tête ce garçon !

PIGEONNEAU, *à part.*

Ce monsieur La Brie a l'air jovial.

LA BRIE, *à part.*

Que diable veut-il que je fasse de son bouquet ? (*Rose paraît au fond.*)

MARIETTE, *bas à La Brie.*

Chut !

SCÈNE III.

LES MÊMES, ROSE.

ROSE.

Mariette, Justin vous demande à l'office.

MARIETTE, *sèchement.*

C'est bon ! (*Rose se dirige vers la porte de droite.*)

LA BRIE, *lui tendant le bouquet.*

Un bouquet pour Madame.

PIGEONNEAU.

De la part de M. Henri de Vernon.

ROSE.

Ah ! (*à La Brie.*) Vous le remettrez vous-même à madame la comtesse.

LA BRIE.

Puisque vous entrez chez elle, vous ferez aussi bien de le prendre.

MARIETTE.

Il n'en sera que mieux reçu.

ROSE,

Soit ! (*Elle entre chez la comtesse.*)

SCÈNE IV.

LES MÊMES, *moins* ROSE.

PIGEONNEAU.

Voilà un bouquet qui aura passé par bien des mains ! —Eh ! mais, j'oubliais... (*Il tire une lettre de sa poche.*)

MARIETTE.

Une lettre !... Je m'en charge. (*Elle la prend.*)

LA BRIE, *se retournant.*

Qu'est-ce que c'est ?

MARIETTE.

Rien... (*à part.*) Je tiens ma vengeance! (*Haut à Pigeonneau.*)

Vous restez, n'est-ce pas ? nous causerons... (*à La Brie.*) As-tu remarqué cet air d'autorité ? « Justin vous demande à l'office. » Qu'est-ce que ça lui fait ?

LA BRIE.

C'est une façon de nous dire que notre place n'est pas ici.

MARIETTE.

Insolente !

LA BRIE, *bas.*

La comtesse !

LA COMTESSE, *entrant, suivie de Rose.*

Laissez-nous. (*La Brie et Mariette se disposent à sortir.*)

PIGEONNEAU, *bas à Mariette.*

Et ma lettre ?

MARIETTE.

Tout à l'heure, quand elle sera seule. (*Ils sortent.*)

SCÈNE V.

LA COMTESSE, ROSE.

LA COMTESSE.

Quelle heure est-il ?

ROSE.

Neuf heures bientôt.

LA COMTESSE.

Neuf heures ! (*Elle s'assied.*) Avez-vous dit à Justin de préparer le thé et le punch ? (*Rose va pour sortir.*) Où allez-vous ? Est-ce que vous n'avez rien à me dire ? Pourquoi restez-vous là comme une statue ? Venez vous asseoir près de moi. Causons. Dites-moi quelque chose.

ROSE, *s'asseyant près de la comtesse.*

Madame, veut-elle que je lui fasse la lecture ?

LA COMTESSE.

Non ; cela laisse trotter l'imagination, et l'on ne sait plus où l'on s'arrêtera. J'ai besoin de m'étourdir, vois-tu, pour dissiper un peu l'inquiétude mortelle où je suis.

ROSE.

Quelle inquiétude, Madame ?

LA COMTESSE.

Eh ! ne sais-tu pas que je suis à bout de ressources ? Ce M. de Saint-Albin, mon homme d'affaires, me trouvera-t-il l'argent qu'il m'a promis ? Ah ! tu ne connais pas cela, toi ! Tu n'es pas en puissance de mari, comme disent ces messieurs ! On n'a pas dilapidé ton patrimoine, pour mener plus largement une vie de désordre et de folies !

ROSE.

Mais n'y a-t-il pas eu séparation de biens, Madame ?

LA COMTESSE.

Trop tard ! et quand cette séparation n'était plus qu'un remède inutile. A peine ai-je sauvé quelques débris que je dé-

fends tant bien que mal contre les envahissements de mon
noble époux. — Sais-tu bien que c'est affreux, la gêne ?

ROSE.

Oh ! Madame n'en est pas là ?

LA COMTESSE.

Tout est relatif, ma chère enfant ! et ce qui serait la fortune
pour une autre, est l'indigence pour moi ; que te dirai-je ? je
suis obligée de regarder à mes toilettes ; et, tiens, je ne vais
pas, demain, au bal de l'ambassade, parce que je n'ai pas cent
louis à ma disposition. — Ah ! pauvre petite ! quelle toilette j'a-
vais rêvée, pourtant ! Si tu savais ! Imagine-toi une robe de
satin blanc, avec deux jupes de crêpe d'Angleterre, relevées de
chaque côté par des guirlandes de clochettes allant en dimi-
nuant jusqu'à la ceinture. Le corsage à la grecque, et dans la
draperie un de ces plis merveilleux dont Palmyre a le secret ;
les manches courtes relevées ici par de petites clochettes d'or,
de manière à laisser voir tout le bras. Maintenant, suppose une
coiffure à la grecque, deux rangs de sequins de Venise mêlés
aux nattes et tombant en profusion sur le cou ; le collier et
les bracelets en sequins, comme la coiffure ; j'aurais été étour-
dissante, ma chère ! Eh bien ! j'ai été obligée d'y renoncer, et
demain, j'en serai peut-être aux expédients pour m'acheter un
chapeau. Tu vois, j'ai mes ennuis aussi, moi, et tu peux me
conter les tiens. — Voyons, parle !

ROSE.

Mon Dieu ! Madame...

LA COMTESSE.

Croirais-tu que le comte n'a pas daigné prendre congé de
moi, ce matin ? Où est-il maintenant ? Aux pieds de quelque
misérable créature, qui le trompe et qui le vole, en se mo-
quant de lui ! Chez une de ses maîtresses ! Tiens ! il lui donne
peut-être la toilette dont je te parlais tout à l'heure ! Quelle
pitié ! (*à elle-même, après un moment de silence.*) Et voilà les
hommes à qui l'on nous livre ! Et c'est sur de pareilles unions
qu'on fonde le bonheur de sa vie ! Où sont-ils maintenant tous
ces pauvres rêves de jeune fille, qui nous parlaient à l'oreille
de maris adorés, de constantes amours, d'éternels plaisirs !
Ah ! les réalités viennent et les rêves s'en vont ! Qui sait ce
que j'aurais été si un autre... (*Revenant à elle-même.*) De quoi
parlions-nous donc, Rose ? Ah ! de ce bal ! Sais-tu que monsieur
de Vernon m'y aurait accompagnée... Celui-là, du moins, me
trouve jolie ! Il est vrai que je ne suis pas sa femme !... Ah ! je
puis te confier cela, Rose... Il m'aime !... As-tu vu le bouquet
qu'il vient de m'envoyer ? — Mais oui, puisque tu me l'as remis
toi-même. (*Rose porte la main à son cœur.*) Qu'avez-vous donc ?
Vous voilà toute pâle !

ROSE.

Ce n'est rien !... pardonnez-moi...

LA COMTESSE.

Allons, vous n'êtes pas franche !.. vous me cachez certainement quelque chose! Il y a longtemps que je vois cela.—Depuis un mois votre humeur mélancolique ne vous quitte pas ! c'est à peine si je puis vous arracher une parole ! (*Lui tournant le dos.*) Gardez votre secret, je me soucie fort peu de le connaî- tre... (*Se regardant dans une glace.*) Seulement, si vous m'en croyez, vous ferez bien de prendre quelquefois un air plus gai, une mine plus souriante, car rien ne m'ennuie comme de voir des gens tristes autour de moi! Et je me surprends alors à bâiller comme eux des heures entières sans savoir pourquoi. — C'est insupportable !

MARIETTE, entrant.

Monsieur le comte vient de rentrer.

LA COMTESSE.

Enfin ! (*Haut à Rose.*) Placez ces fleurs sur la cheminée... (*à Mariette.*) Priez monsieur le comte de venir me parler.

MARIETTE.

Le voici, Madame.

LA COMTESSE.

C'est bien ! (*Elle fait signe à Rose et à Mariette de sortir.*)

SCÈNE VI.

LE COMTE, LA COMTESSE. *Le comte, en entrant, a déposé son chapeau et sa canne sur une chaise; il regarde s'éloigner Rose et Mariette et s'approche de la comtesse.*

LE COMTE.

Madame !...

LA COMTESSE, sans se retourner.

C'est vous ?

LE COMTE.

Moi-même, chère amie ! — Je vous dérange ?

LA COMTESSE.

Pas du tout.

LE COMTE, après un silence.

Votre toilette est charmante !

LA COMTESSE.

Ah !

LE COMTE.

Tout à fait charmante, je vous jure.

LA COMTESSE, se retournant.

Vous avez quelque chose à me demander !

LE COMTE.

Plaît-il ?

LA COMTESSE.

Que vous importe ma toilette? Et que me voulez-vous ce soir, avec vos compliments à brûle-pourpoint? Evidemment vous avez une demande à me faire?

LE COMTE.

Ma foi non !—Je vous trouve charmante, et je vous le dis... Voilà tout !

LA COMTESSE, *riant.*

Vous me dites cela en regardant l'heure.

LE COMTE.

N'est-ce pas aujourd'hui votre jour de thé?

LA COMTESSE.

Oui, dans dix minutes, nous ne serons plus seuls; et si vous avez quelque chose à obtenir de moi, je vous conseille de vous dépêcher.

LE COMTE.

Soit. (*Il s'asseoit près de la comtesse.*) Il faut en effet que je vous parle.

LA COMTESSE, *riant.*

A la bonne heure.

LE COMTE.

Ne riez pas, c'est très-sérieux.

LA COMTESSE.

Bah! voyons...

LE COMTE.

Je suis perdu, si vous ne venez à mon aide!

LA COMTESSE.

Perdu! vous?

LE COMTE,

Eh! mon Dieu! oui! Si je ne trouve pas cinquante mille francs cette nuit, je n'ai plus qu'à me livrer à mes créanciers ou à me brûler la cervelle comme un boutiquier de la rue Saint-Denis.

LA COMTESSE.

Que me dites-vous là?

LE COMTE.

La vérité, ma chère, toute la vérité, rien que la vérité! Voilà où nous conduisent quelquefois les spéculations hasardées! Voilà ce que c'est que de se faire agioteur et homme d'affaires comme tout le monde... quand on a un nom et des scrupules de gentilhomme!... Bref! ma signature est engagée! Il me faut cinquante mille francs avant demain. (*Tirant un portefeuille de sa poche.*) J'ai couru tout Paris ce matin, et je reviens les mains vides.

LA COMTESSE.

Comptez-vous trouver, par hasard, vos cinquante mille francs dans un de mes tiroirs?

LE COMTE.

Non, ils y seraient que je ne vous les demanderais pas.

LA COMTESSE.

Que voulez-vous donc de moi?

LE COMTE, *tirant un papier de son portefeuille.*

Votre nom au bas de ce petit papier.

LA COMTESSE, *après l'avoir parcouru.*

Un acte de vente!... Vendre La Rillière!... Vous voulez vendre la maison de ma mère, Monsieur?

LE COMTE.

Permettez; c'est une excellente affaire que je vous propose...
tout simplement... Je respecte, je vénère tout autant que
vous la maison de madame votre mère ! J'ai, comme vous, le
culte des souvenirs, ma chère amie ! mais vous savez mieux
que moi ce que vaut aujourd'hui cette vénérable propriété...
Deux ou trois fermes en ruines, un vieux château délabré,
quelques arpents de mauvaises terres et de bois sans valeur
(le tout grevé de 70,000 francs 99 centimes d'hypothèques) que
je trouve moyen de vendre 140,000 francs, argent comptant à
un jeune Anglais, ami des ruines et de la solitude. Vous ne
trouvez pas cela superbe ?

LA COMTESSE.

Je trouve cela honteux, voilà tout.

LE COMTE.

Vous refusez ?

LA COMTESSE.

Je refuse !

LE COMTE.

Henriette !...

LA COMTESSE.

Plus un mot là-dessus, je vous prie ! L'héritage de ma mère
ne servira pas à payer vos dettes de jeu... et l'argent que vous
jetez à vos maîtresses, vous ne le trouverez jamais chez moi,
je vous en avertis... Ne venez donc plus me parler de vos
fausses spéculations ni de vos projets funèbres... je ne vous
crois pas... Ce sont vos amours de coulisses qui vous ruinent,
c'est le jeu qui dévore votre argent, et cette vie de débauches
vous est trop chère pour la quitter si brusquement.

LE COMTE.

Je ne tiens pas beaucoup, j'en conviens, à me faire sauter
la cervelle au milieu de votre petite fête, ce serait ridicule !...
mais je vous jure, ma chère Henriette !...

LA COMTESSE, *lui tournant le dos et se levant.*

Pardon, j'ai quelques ordres à donner...

LE COMTE.

Encore un mot !

LA COMTESSE, *rentrant chez elle.*

Faites-moi le plaisir de m'envoyer Mariette.

SCÈNE VII.

LE COMTE, LA BRIE.

LE COMTE,

Morbleu ! (*Se retournant.*) Qui vient là ?

LA BRIE.

Monsieur le comte...

LE COMTE.

Ah ! c'est toi, La Brie ? Tu arrives à propos... j'ai à te parler.
(*A part.*) Grâce au ciel ! mes mesures sont prises.

LA BRIE.

Le docteur Le Bon demande à voir monsieur le comte.

LE COMTE.

Le docteur!.. (*A part.*) Que me veut-il? (*Haut.*) Dis-lui que je ne puis le recevoir en ce moment, dis-lui... (*Le docteur paraît.*) Va m'attendre chez moi. (*La Brie sort.*)

SCÈNE VIII.

LE COMTE, LE DOCTEUR.

LE COMTE.

Bonjour, docteur...

LE DOCTEUR, *saluant.*

Monsieur le comte...

LE COMTE.

Je ne vous savais pas à Paris.

LE DOCTEUR.

J'arrive... ma première visite est pour vous.

LE COMTE.

Vous êtes bien bon.

LE DOCTEUR.

Madame la comtesse se porte bien?

LE COMTE.

Très-bien, je vous remercie.

LE DOCTEUR.

Allons, tant mieux. (*Il lui offre une prise.*)

LE COMTE.

Merci!

LE DOCTEUR.

Pardon!

LE COMTE.

N'aviez-vous pas quelque chose à me dire?

LE DOCTEUR.

Quoi donc?

LE COMTE.

Que sais-je?

LE DOCTEUR.

Ah! parbleu! vous m'y faites songer. (*Il s'asseoit près du guéridon.*) Je vais vous conter cela. (*Feuilletant un album qu'il aperçoit.*) Très-joli! une vue de Naples charmante! j'adore les croquis.

LE COMTE, *impatienté.*

Eh bien?

LE DOCTEUR.

Je suis à vous.—Vous souvient-il, par hasard, d'un certain Jacques Bernard?

LE COMTE, *troublé.*

Jacques Bernard!

LE DOCTEUR.

Un pauvre brave homme aveugle qui enseignait autrefois l'algèbre et la géométrie je ne sais où... et qui vous recevait en ami sous le nom de Pierre Michelin ?

LE COMTE.

Qui vous a dit ?

LE DOCTEUR.

Est-ce qu'un médecin ne sait pas tout ? Le bonhomme avait, je crois, deux filles, deux jolies filles, ma foi ! Jeanne et Marie, si je ne me trompe ; Jeanne passait pour la plus belle... je ne fais que répéter ce qu'on m'a dit.... C'est pour elle que vous alliez chez le père.

LE COMTE, *lui faisant signe de parler plus bas.*

Docteur...

LE DOCTEUR, *ricanant.*

Un mois de bonheur vous a suffi !... Quant à elle...

LE COMTE.

Eh bien ?

LE DOCTEUR, *fermant l'album.*

Elle est morte !

LE COMTE.

Morte !..

LE DOCTEUR.

Il y a trois mois... en donnant le jour à un fils... (*Il lui offre une prise.*)

LE COMTE.

Merci !

LE DOCTEUR.

Pardon!—Un fils qui vous ressemble... eh ! eh!¡qui vous ressemble, dit-on, d'une façon surprenante.

LE COMTE.

Et vous avez attendu trois mois pour m'apprendre ce malheur ?

LE DOCTEUR.

Que voulez-vous ? les mauvaises nouvelles arrivent toujours assez tôt. Et puis je craignais de vous attrister.

LE COMTE, *très-agité.*

Docteur...

LE DOCTEUR.

Monsieur le comte...

LE COMTE.

Il se peut que je ne sois plus demain à Paris ; il se peut que mon absence se prolonge plus longtemps que je ne le crois... des affaires de famille... un procès ennuyeux à l'occasion d'un héritage.... Vous savez ce que c'est....

LE DOCTEUR.

Je m'en doute.

LE COMTE.

Promettez-moi d'étouffer cette affaire... faites entendre raison au père... Offrez en mon nom tout ce que vous voudrez.

LE DOCTEUR.

Soyez tranquille... le vieux bonhomme a disparu... la fille aînée a pris l'enfant... et personne, excepté vous et moi, ne connaît l'aventure.

LE COMTE, *avec joie.*

En vérité ?

LE DOCTEUR.

En vérité !

LE COMTE.

Le père a disparu... et la fille aînée a pris l'enfant ?

LE DOCTEUR.

Oui.

LE COMTE.

Que voulez-vous que je fasse alors ?

LE DOCTEUR.

Il n'y a rien à faire.

LE COMTE.

Je ne puis que pleurer la mort de cette pauvre fille !

LE DOCTEUR.

Vos larmes ne lui rendront pas la vie !

LE COMTE.

Hélas ! non ! (*Ils prisent tous deux.*)

LE DOCTEUR, *à part.*

Hélas ! non ! voilà une belle oraison funèbre ! (*Il se dispose à partir.*)

LE COMTE.

Vous partez ?

LE DOCTEUR.

On m'attend à dix heures pour une consultation chez M. de Brives.

LE COMTE.

M. de Brives est malade ?

LE DOCTEUR.

Il paraît.

LE COMTE.

N'est-ce pas l'oncle de M. de Salgues que nous recevons ici ?

LE DOCTEUR.

Je crois que oui.

LE COMTE.

Diable ! Cela fera un bel héritage à M. de Salgues.

LE DOCTEUR.

L'oncle n'est pas encore...

LE COMTE.

Bah ! il ne s'en faut que d'une consultation.

LE DOCTEUR, *riant.*

C'est juste.

SCÈNE IX.

LES MÊMES, MARIETTE.

(Mariette traverse le fond du théâtre sur la pointe des pieds; elle feint de ne pas apercevoir le comte et se dirige vers la chambre de la comtesse, la lettre de Pigeonneau à la main.)

LE COMTE, *se retournant.*

Mariette ?.. Que caches-tu là... *(Apercevant la lettre.)* Une lettre ?...

MARIETTE, *balbutiant.*

Pour... Madame.

LE COMTE, *la prenant.*

C'est bien.

MARIETTE.

Mais...

LE COMTE.

Je la lui remettrai. *(A part.)* Tout n'est pas perdu. *(Haut.)* Au revoir, docteur...

LE DOCTEUR, *saluant.*

Monsieur le comte...

LE COMTE.

Revenez le plus vite possible.

LE DOCTEUR, *riant.*

Dès que l'affaire de M. de Brives sera faite. *(Le comte sort.)*

SCÈNE X.

LE DOCTEUR, MARIETTE, *puis* PIGEONNEAU.

LE DOCTEUR, *s'approchant de Mariette.*

Bien joué, mon enfant !

MARIETTE.

Plaît-il ?

LE DOCTEUR.

Le comte a la lettre... te voilà contente !... Eh! eh !

MARIETTE, *à part.*

C'est le diable que ce docteur-là !

PIGEONNEAU, *annonçant.*

MM. Georges et Henri de Vernon. *(Ils entrent, Pigeonneau se tient au fond.)*

SCÈNE XI.

LES MÊMES, GEORGES, HENRI.

HENRI.

Comment, c'est toi qui nous annonces, Pigeonneau ?

PIGEONNEAU.

Oui, M. La Brie m'a prié de le remplacer pour quelques instants.

MARIETTE.

Je vais prévenir madame la comtesse. (*Elle entre chez la comtesse.*)

LE DOCTEUR, *saluant.*

Monsieur...

HENRI.

Vous ici, docteur ? (*Il lui tend la main.*)

LE DOCTEUR, *souriant.*

Oui, j'ai fait comme vous ; je suis venu chercher le bonheur à Paris... Mais pardon, la comtesse va venir, je vous laisse avec elle.

HENRI.

Vos charmantes nièces se portent bien ?

LE DOCTEUR.

Parfaitement bien. (*Il va pour sortir.*)

GEORGES.

Vous nous quittez ?

LE DOCTEUR.

Je reviendrai. (*Passant devant Pigeonneau.*) Bonsoir, Pigeonneau ! tu es superbe ! (*Il sort.*)

SCÈNE XII.

LES MÊMES, *moins* LE DOCTEUR.

HENRI, *bas à Pigeonneau.*

Pigeonneau, as-tu remis ma lettre ?

PIGEONNEAU.

Mlle Mariette a bien voulu se charger de la remettre elle-même à madame la comtesse.

HENRI.

Bien.

PIGEONNEAU.

Ah ! Monsieur, quelle aimable personne que cette Mariette ! quel honnête garçon que La Brie ! quels braves gens que tous ces gens-là ! (*Georges lui fait signe de se retirer. Il sort.*)

SCÈNE XIII.

HENRI, GEORGES.

HENRI.

Tu vas la voir, mon ami ! je vais te présenter à elle !

GEORGES.

Ecoute, mon cher, tu m'as amené ici un peu malgré moi, je ne te le cache pas. Ne sois donc pas trop surpris tout à l'heure s'il m'arrive de ne pas partager ton enthousiasme. Ta comtesse de Villier est une femme à la mode, et j'ai précisément ces sortes de femmes en horreur ! Veux-tu savoir pourquoi ? Une femme qui a l'âme élevée, qui mène une vie simple, n'a pas une seule chance d'être à la mode. Conclus : Une femme à la mode et un homme au pouvoir sont deux analogies ; mais, à cette différence près, que les qualités par lesquelles un homme s'élève au-dessus des autres, le grandissent et font sa gloire, tandis que les qualités par lesquelles une femme arrive à son empire d'un jour, sont d'effroyables vices! Elle n'est ni mère, ni épouse, ni amante! Ajoute à cela que pour ces divines créatures, un homme doit savoir ne pas crier, quand, en se cachant au fond d'un cabinet, la femme de chambre lui brise deux doigts dans la jointure de la porte.

HENRI, souriant.

Bon! je vois que tu as lu Balzac! mais rassure-toi! madame de Villier ne ressemble en rien, je te jure, aux froides coquettes dont tu parles; c'est une femme charmante, bonne, douce, spirituelle! Pétrie de sensibilité et de grâces! Son regard est noyé d'une langueur adorable! Elle était née pour vivre d'amour et de laitage dans un châlet suisse. — Enfin, c'est un ange, mon ami, un ange!

GEORGES.

Je connais ces anges-là! Dieu me préserve de tomber sous leurs griffes. (La comtesse entre.)

HENRI, bas à Georges.

La voici!

SCÈNE XIV.

LES MÊMES, LA COMTESSE.

LA COMTESSE.

Ah! Messieurs, que c'est aimable à vous d'arriver les premiers.

HENRI, présentant Georges.

Permettez-moi, Madame, de vous présenter mon frère... Je m'étais engagé sur parole à vous l'amener mort ou vif..., vous voyez que j'ai tenu ma promesse...

LA COMTESSE.

Je ne sais vraiment qui je dois remercier le plus de vous deux.

GEORGES.

C'est à moi, Madame, de vous demander mille fois pardon...

LA COMTESSE.

Asseyez-vous, je vous prie.

HENRI, bas à Georges.

Elle est charmante! (La comtesse s'asseoit sur la causeuse près de la cheminée. Georges prend place en face d'elle dans un fauteuil. Henri reste debout appuyé contre la cheminée.)

LA COMTESSE, à Georges.

Vous ne vous amuserez pas beaucoup chez nous, Monsieur, je vous en préviens. Les quelques amis que nous recevons ici ne sont pas très-divertissants.

GEORGES.

Eh! mon Dieu! Madame, c'est partout comme cela.

HENRI.

Mais non, mais non, je ne suis pas de ton avis, et les amis de
madame la comtesse...

LA COMTESSE.

Les amis de madame la comtesse ne valent pas mieux que
les autres, croyez-moi. Que pensez-vous, par exemple, de monsieur le commandeur Laurac, avec ses doigts couverts de rubis
et ses décorations des quatre parties du monde ; je ne m'étonne
pas qu'il les ait gagnées, car il gagne toujours ; vous n'avez
qu'à le voir jouer à l'écarté ; un véritable élève de Casanova !
Et cette imposante madame de Mirande qui pourrait servir d'é-
cran dans tous les salons où elle conduit sa fille, épouvantail
des gens à marier, toujours prête à s'en aller et ne partant jamais... Qui encore ? Ah ! ce petit monsieur de Salgues qui soupire avec une sensibilité si vraie après l'héritage de son oncle
et qui l'a déjà pleuré trois fois avant qu'il ne fût mort.

GEORGES.

C'est notre cousin.

LA COMTESSE.

Ah ! un charmant garçon ! Il m'a été présenté par monsieur
de Saint-Albin. Vous ai-je parlé de celui-là ? Un curieux type
vraiment ; moitié homme d'affaires, moitié homme du monde ;
usurier comme le père Gobseck, sous les dehors les plus ai-
mables, et aussi rusé que cet excellent docteur qui est de votre
connaissance, je crois, et qui a, aussi bien que tous ses con-
frères, la gênante habitude de vous regarder toujours au fond
du cœur comme pour y chercher les symptômes d'une maladie.
Enfin, ce grand monsieur du Bastard, vous savez, qui exècre
les vers et s'est avisé de me demander un jour en bâillant si
Bajazet était de monsieur Victor Hugo.

HENRI.

Oh ! oh ! un si aimable homme !

LA COMTESSE, *souriant.*

Aimable, c'est possible, mais spirituel...

GEORGES.

Eh ! mon Dieu ! Madame, de nos jours l'esprit court les rues.

LA COMTESSE.

C'est probablement parce qu'il court les rues qu'on le rencontre si rarement dans mon salon.

HENRI.

Les gens d'esprit sont quelquefois bien sots.

LA COMTESSE.

Oui, mais les sots le sont bien davantage.

PIGEONNEAU, *annonçant.*

Monsieur du Bastard !

LA COMTESSE, *riant.*

Vous allez en juger ! (*Entre du Bastard.*)

SCÈNE XV.

LES MÊMES, DU BASTARD.

DU BASTARD, *saluant.*

Madame la comtesse... Messieurs...

LA COMTESSE, *le présentant.*

Monsieur du Bastard ! (*Présentant Georges.*) Monsieur Georges de Vernon. (*Ils se saluent.*)

DU BASTARD, *s'asseyant près de la comtesse.*

Je sors du Théâtre Français.

LA COMTESSE.

Qu'y jouait-on ?

DU BASTARD.

Une pièce détestable !

LA COMTESSE.

Le *Misanthrope?*

DU BASTARD.

Non; une comédie en vers. (*Se jetant à la renverse.*) Comprend-on, comtesse, cette manie de faire parler les gens en vers ? Est-ce que je parle en vers, moi ?

LA COMTESSE.

Jamais !

DU BASTARD.

Est-ce que votre femme de chambre parle en vers ?

LA COMTESSE.

Jamais.

DU BASTARD.

Quand vous demandez votre déjeuner, si La Brie s'avisait de vous répondre :

Oui, Madame, à l'instant je vais vous l'apporter.

LA COMTESSE.

Je le chasserais à cause de la rime.

DU BASTARD.

Comment se fait-il qu'on fasse encore des vers à notre époque ?

LA COMTESSE, *désignant Henri.*

Demandez à Monsieur.

DU BASTARD.

Monsieur fait des vers ?

HENRI.

Oui, Monsieur.

LA COMTESSE.

Des vers charmants !

DU BASTARD.

Monsieur est si jeune !

PIGEONNEAU, *annonçant.*

Monsieur le commandeur de Laurac... madame et mademoiselle de Mirande.

LA COMTESSE, *bas à Henri, se levant.*

Je vous avais prévenu. (*Le commandeur paraît au fond donnant le bras à madame de Mirande et à sa fille.*)

PIGEONNEAU, *annonçant.*

Monsieur de Salgues!

GÉORGES, *à Henri.*

Notre cher cousin !

SCÈNE XVI.

LES MÊMES, LE COMMANDEUR, MADAME ET MADEMOISELLE DE MIRANDE, MONSIEUR DE SALGUES.

LA COMTESSE.

Monsieur le commandeur... (*Embrassant mademoiselle de Mirande.*) Bonsoir, Ernestine... (*Bas à madame de Mirande.*) Elle est jolie comme un ange ce soir. (*A de Salgues.*) Eh! bon Dieu ! monsieur de Salgues, comme vous êtes pâle !... Que vous arrive-t-il donc ?...

DE SALGUES.

Vous me pardonnerez, Madame, de ne rester que quelques instants... un devoir pénible... mon pauvre oncle!.. (*Il porte son mouchoir à ses yeux.*)

LA COMTESSE.

Monsieur de Brives serait-il malade? (*de Salgues soupire.*) Sérieusement? (*Elle cause bas avec lui. — Madame de Mirande va s'asseoir sur la causeuse avec sa fille.*)

DU BASTARD, *saluant le commandeur.*

Commandeur, vous me devez une revanche à l'écarté.

LA COMTESSE, *à de Salgues.*

Pauvre homme ! Vous croyez que c'est fini? N'êtes-vous pas son plus proche parent? son unique héritier? (*Il soupire.*) Vous voilà millionnaire ! (*Il fond en larmes.*)

MADAME DE MIRANDE, *se retournant.*

Millionnaire ! qui donc?

LA COMTESSE.

Monsieur!

MADAME DE MIRANDE.

Ah ! (*Poussant sa fille.*) Ernestine !

LE COMMANDEUR.

Je suis à vos ordres.

GEORGES, *bas à Henri.*

Sois tranquille, sa douleur l'empêchera de nous reconnaître.

HENRI.

Nous ne sommes pourtant pas collatéraux, quoique cousins.

GEORGES, *souriant.*

Je lui ai prêté hier trois mille francs.

LA COMTESSE, *bas à madame de Mirande.*

C'est le gendre qu'il vous faut, ma chère ! (*Elles causent bas.*)

HENRI, *à de Salgues.*

Permettez-moi, cher cousin, de vous faire mon compliment de...

DE SALGUES, *soupirant.*

Ah !

HENRI, *souriant.*

De condoléance.

MADAME DE MIRANDE, *à la comtesse.*

Vous croyez ?

LA COMTESSE.

Laissez-moi faire.

LE COMMANDEUR.

Le roi !

DU BASTARD.

Je m'y attendais.

PIGEONNEAU, *annonçant.*

M. de Saint-Albin.

SCÈNE XVII.

LES MÊMES , DE SAINT-ALBIN.

LA COMTESSE, *allant au-devant de lui.*

Arrivez donc ! *(Bas.)* Vous venez bien tard !

MADAME DE MIRANDE, *à sa fille.*

Penchez-vous un peu que je vous parle. (*De Saint-Albin s'approche de de Salgues, la comtesse passe près de Henri.*)

HENRI, *la retenant par la main.*

Henriette !..

LA COMTESSE.

Prenez garde ! *(Elle retire vivement sa main. — Rose paraît sur le seuil de la porte de droite.)*

ROSE, *à part.*

Ah !

LA COMTESSE , *à Rose.*

Que voulez-vous ? Dites à La Brie de servir le thé. (*Elle s'éloigne brusquement, Rose traverse le salon et sort par le fond.*)

LE COMMANDEUR.

Le roi et la vole ; trois et deux, cinq.

DU BASTARD.

J'ai perdu !

SAINT-ALBIN, *à de Salgues.*

Voilà un million qui vous tombe du ciel fort à propos.

DE SALGUES, *souriant tristement.*

Oui.

LA COMTESSE, *à Georges.*

Vous ne jouez pas ?

DU BASTARD,

Si Monsieur veut prendre ma place ?

GEORGES.

Volontiers.

DU BASTARD, *se levant.*

Ce cher commandeur vient encore de me gagner dix louis.
(*Georges s'assied en face du commandeur.*)

LA COMTESSE.

Saint-Albin!.. (*Saint-Albin quitte de Salgues et s'approche de
la comtesse.*)

MADAME DE MIRANDE, *bas à sa fille.*

M. de Salgues vous regarde. (*De Salgues s'approche de madame de Mirande.*)

GEORGES.

Trois cartes.

LE COMMANDEUR.

Je refuse.

LA COMTESSE, *bas à Saint-Albin.*

Quelles nouvelles?

SAINT-ALBIN.

Mauvaises!

LA COMTESSE.

Vous ne m'apportez rien?

SAINT-ALBIN.

Je n'ai pas mille francs en portefeuille.

LA COMTESSE.

Mille francs! Que voulez-vous que je fasse de vos mille francs?
Vous plaisantez!

SAINT-ALBIN.

Je ne vous les offre pas. (*Mariette paraît au fond, suivie de Rose
et de Pigeonneau. On apporte le thé.*)

LA COMTESSE, *tournant le dos à Saint-Albin.*

C'est bon, nous reparlerons de cela. (*Elle se dispose à servir
le thé. — Henri, depuis quelques instants, paraît ne plus s'occuper
de ce qui l'entoure; il ouvre un album et écrit rapidement quelques lignes au crayon.*)

DE SALGUES, *à madame de Mirande.*

Oui, Madame. (*Pleurant.*) Une fortune de plus d'un million.

LE COMMANDEUR.

Je marque deux points.

DU BASTARD, *à la comtesse.*

Est-ce que nous ne verrons pas le comte ce soir?

LA COMTESSE.

Je ne sais. (*Le comte entre suivi de La Brie.*)

SCÈNE XVIII.

LES MÊMES, LE COMTE, LA BRIE.

LE COMTE.

Me voici! (*Il salue madame de Mirande et serre la main de du
Bastard.*)

DU BASTARD, *lui prenant le bras.*

Bonsoir.

LE COMTE.

Je suis à vous. (*Bas à La Brie.*) Tu m'as compris?

LA BRIE.

Parfaitement. Monsieur le comte peut être tranquille. (*Il sort.*)

DU BASTARD, *au comte.*

De quoi s'agit-il ?

LE COMTE, *s'éloignant.*

Pardon.

LA COMTESSE, *à de Salgues.*

M. de Salgues. (*Elle lui présente une tasse de thé.*)

DE SALGUES.

Mille grâces, Madame ! il me serait tout à fait impossible en ce moment...

LA COMTESSE.

Offrez, je vous prie, à mademoiselle de Mirande....

DE SALGUES, *il présente la tasse à mademoiselle de Mirande.*

Avec plaisir.

MADEMOISELLE DE MIRANDE.

Merci, Monsieur.

LA COMTESSE, *servant Saint-Albin.*

Monsieur de Saint-Albin...

ROSE, *s'approchant de Henri.*

Monsieur !... (*Henri relève la tête, Rose place devant lui sur le guéridon la tasse qu'elle tenait à la main.*)

HENRI.

Qu'avez-vous donc, Mademoiselle, votre main tremble !

DU BASTARD, *derrière Henri.*

Tiens, vous faisiez des vers.

HENRI, *se retournant.*

Hein ?

DU BASTARD.

Oui, ma foi !

HENRI, *fermant l'album.*

Monsieur...

DU BASTARD, *à la comtesse.*

Ceci vous regarde, comtesse. (*Rose s'éloigne.*)

LA COMTESSE.

Plaît-il ?

DU BASTARD, *s'approchant de la comtesse.*

Monsieur de Vernon vient d'écrire quelques vers sur votre album, priez-le donc de nous les lire. (*Bas.*) Nous rirons.

LA COMTESSE.

Si Monsieur veut nous faire ce plaisir...

HENRI, *se levant.*

Je vous supplie humblement, Madame de m'en dispenser.

LE COMTE, *s'approchant de Henri.*

Pourquoi donc? Tout le monde ici, Monsieur, sera enchanté

d'entendre vos vers. (*A la comtesse.*) N'est-ce pas, comtesse?

LA COMTESSE.

Certainement.

TOUS.

Certainement.

DU BASTARD, *riant.*

Parbleu !

LE COMTE.

Lisez donc, je vous en prie

DU BASTARD.

Lisez !

HENRI, *à part.*

Ma foi, puisque c'est le mari lui-même qui m'en prie...

DU BASTARD.

Lisez.

HENRI.

Soit !

DU BASTARD.

Chut ! (*Le commandeur continue sa partie, de Salgues cause avec madame de Mirande, Saint-Albin parle bas à la comtesse, Mariette s'occupe à rassembler les tasses sur le plateau et s'entretient avec Pigeonneau.*)

LE COMTE.

On vous écoute.

DU BASTARD, *s'asseyant.*

Allez !

HENRI.

Sonnet ! (*A du Bastard en riant.*) C'est un sonnet !

DU BASTARD.

Très-bien !

HENRI, *lisant.*

D'où vient qu'en vous voyant pour la première fois,
Mes yeux émerveillés ont cru vous reconnaître :
D'où vient qu'au seul accent de votre douce voix,
Une fièvre amoureuse embrase tout mon être !...

LE COMMANDEUR.

Atout ! atout ! et atout !

MADAME DE MIRANDE, *à de Salgues.*

Oui, Monsieur, — Ernestine est très-bonne musicienne.

LA COMTESSE, *à Saint-Albin.*

Je ne vous crois pas. (*Du Bastard s'endort, le comte va et vient.*)

HENRI, *lisant.*

Quand ma bouche, en tremblant, ose effleurer vos doigts,
D'où vient qu'un trouble étrange aussitôt me pénètre,
Et que, pour me ranger à vos charmantes lois,
Pour me mettre à vos pieds, vous n'eûtes qu'à paraître.

DU BASTARD.

Très-joli!

LA COMTESSE, *à Saint-Albin.*

Décidez-vous, c'est une affaire que je vous propose.

SAINT-ALBIN.

Si j'avais un gage...

LA COMTESSE.

Ces diamants... (*Elle détache son bracelet et le lui donne.*)

HENRI, *lisant.*

C'est que chacun poursuit un fantôme adoré,
Un ange qui, parfois, nous touche de son aile,
Ou de loin nous sourit dans un rayon doré...

LA COMTESSE, *à Saint-Albin.*

Eh bien ?

SAINT-ALBIN.

Ces diamants sont faux.

LA COMTESSE.

Faux ! C'est impossible !

HENRI.

Ce fantôme divin que mon amour appelle,
Cet ange aux doux regard que j'invoque à genoux,
Il est là, je le vois, je l'écoute... C'est vous !

ROSE, *à part.*

Il l'aime !

LE COMTE, *s'approchant de Henri.*

Charmant !... (*Prenant l'album.*) Vous permettez?..

LA COMTESSE, *à Saint-Albin.*

Etes-vous sûr de ce que vous dites ?

SAINT-ALBIN.

Parfaitement.

LE COMTE, *à part.*

L'écriture du billet.

LA COMTESSE, *s'élançant vers Mariette qui paraît.*

Mariette ! (*Elle lui parle bas.*)

SAINT-ALBIN, *à de Salgues qui se lève.*

Vous partez?

DE SALGUES.

Oui.

MARIETTE, *à la comtesse.*

Oui, Madame. Monsieur le comte m'a priée, il y a trois jours, de lui confier les diamants de Madame pour quarante-huit heures.

LA COMTESSE.

C'est bon.

LE COMTE, *à part, rejetant l'album sur le guéridon.*

Je la tiens.

(*La comtesse et le comte se regardent fixément.*)

HENRI, *à part, les observant.*

Que se passe-t-il donc?

DE SALGUES, *saluant madame de Mirande.*

Madame...

MADAME DE MIRANDE.

N'oubliez pas de venir demain m'apporter des nouvelles de monsieur votre oncle.

PIGEONNEAU, *annonçant.*

Monsieur le docteur Lebon.

SCÈNE XIX.

LES MÊMES, LE DOCTEUR.

LE DOCTEUR, *rencontrant de Salgues sur le seuil.*

Ah ! monsieur de Salgues ! enchanté de vous trouver encore ici ! Je viens de chez M. de Brives.

DE SALGUES.

Ah !

LE DOCTEUR.

Le danger est passé.

DE SALGUES.

Ah !

LE DOCTEUR.

Dans trois jours il se portera aussi bien que vous et moi.

DE SALGUES, *tombant dans les bras de Saint-Albin.*

Ah !!

SAINT-ALBIN.

Diable !

DU BASTARD, *s'éveillant.*

Qu'est-ce que c'est?

DE SALGUES.

La surprise, la joie, le... J'étouffe !

GEORGES, *ironiquement.*

Excellent cœur !

LE DOCTEUR.

Ce n'est rien.

(*Saint-Albin entraîne de Salgues dans une chambre voisine; du Bastard les suit avec le docteur.*)

MADAME DE MIRANDE *à sa fille.*

Partons !

LE COMMANDEUR.

Le roi et la vole... deux et trois cinq.

GEORGES.

Vous avez gagné.

LE COMTE, *bas à la comtesse.*

Il faut que je vous parle.

LA COMTESSE.

Moi aussi.

GEORGES, *au docteur qui rentre.*

Eh bien !

LE DOCTEUR.

Rien du tout ! un peu d'émotion ! C'est bien naturel, un oncle qui était si malade !

GEORGES, *riant.*

Et un million qui était si bien portant ! (*Le commandeur sort avec madame de Mirande et sa fille.*)

LE DOCTEUR, *à Henri.*

Eh bien ! mon jeune ami, où en sommes-nous ? êtes-vous heureux ?

HENRI, *avec impatience.*

Très-heureux !

LE DOCTEUR.

Vous me dites cela d'une singulière façon.

GEORGES, *s'approchant du docteur.*

Savez-vous, docteur ? Ce commandeur est un fripon !

LE DOCTEUR.

Ah bah ?

(*Le docteur, Georges et Henri sont debout près de la cheminée. La comtesse s'est assise près du guéridon, de l'autre côté du théâtre ; le comte est debout près d'elle.*)

SCÈNE XX.

LE COMTE, LA COMTESSE, LE DOCTEUR, GEORGES, HENRI.

LA COMTESSE, *à Georges et à Henri.*

Asseyez-vous donc, Messieurs ! (*Au docteur.*) Docteur, servez-vous. (*Au comte.*) Eh bien ?

LE COMTE.

Décidément, madame, vous me refusez votre signature.

LA COMTESSE.

Oui, Monsieur.

LE COMTE.

Prenez garde ! (*Lui montrant la lettre.*) Votre amant est bien imprudent de vous écrire de pareilles lettres !... et vous êtes bien folle, vous, de laisser tomber de pareilles armes entre mes mains. (*La comtesse le regarde.*)

LE DOCTEUR, *à Georges.*

Un commandeur qui triche au jeu ! C'est comme si vous me disiez que la comtesse trompe son mari. (*Henri fait un mouvement. Le docteur se verse une tasse de thé.*)

LA COMTESSE, *au comte.*

Combien comptez-vous me vendre ce petit billet ? (*Arrachant ses bijoux.*) Tenez, cela vous suffit-il ? Vous me parliez tantôt de cinquante mille francs ! les voilà ! (*Elle jette ses bijoux aux pieds du comte.*)

LE COMTE.

Vous ne m'avez pas compris. (*Il se baisse pour les ramasser.*)

LA COMTESSE, *les repoussant du pied.*

Laissez donc ! je ferai demain balayer cela par ma femme de chambre. (*Le comte se redresse.*) Vous voyez bien que je sais tout, monsieur le comte. Vous m'avez volé mes diamants !

LE COMTE.

Madame !...

LE DOCTEUR, *retenant Henri qui veut s'élancer vers la comtesse.*

Pardon ! (*Il lui met sa tasse entre les mains en lui faisant signe de la poser sur la cheminée.*)

LA COMTESSE.

Si vous faites un éclat, j'en ferai un aussi... (*Le comte froisse avec rage la lettre qu'il tient.*) Nous verrons qui sera le plus déshonoré de vous ou de moi !

LE DOCTEUR, *bas à Henri.*

Une querelle de ménage, sans doute...

HENRI.

Je vous suis. (*Ils remontent tous trois vers le fond. La comtesse est restée assise près du guéridon, le comte va et vient*).

LE COMTE, *à part.*

Allons, il faut m'en tenir à ma première résolution. (*S'élançant vers La Brie, qui paraît.*) Es-tu prêt ?

LA BRIE.

Quand monsieur le comte voudra.

LE COMTE.

C'est bien. Va m'attendre. (*Il sort.*)

SCÈNE XXI.

LES MÊMES, *moins* LE COMTE.

(*La Brie se dirige vers le fond pour sortir ; la comtesse lui fait signe de rester.*)

LA COMTESSE.

La Brie ! Vingt-cinq louis pour toi, si tu parles.

LA BRIE.

Monsieur le comte m'en promet trente pour me taire.

LA COMTESSE.

Attends ! (*Elle lui donne une bourse.*)

LA BRIE.

Madame !..

LA COMTESSE.

Parle !

LA BRIE, *à mi-voix.*

Une chaise de poste attend monsieur le comte au coin de la rue. Nous partons pour Londres dans un quart-d'heure.

LA COMTESSE.

Nous partons pour La Rillière dans cinq minutes, va !
(*La Brie salue et sort.*)

LE DOCTEUR, *bas à Georges.*

Diable ! diable ! il se passe ici quelque chose d'extraordinaire.

GEORGES, *voulant entraîner Henri.*

Henri!

LA COMTESSE, *se retournant.*

Ah! vous êtes encore là, Messieurs? Je vous demande pardon.

LE DOCTEUR, *saluant.*

Nous nous retirons.

LA COMTESSE.

A demain, docteur... (*Bas à Henri qui s'est approché d'elle pour lui baiser la main.*) Attendez-moi. (*Elle entre chez elle.*)

SCÈNE XXII.

LE DOCTEUR, HENRI, GEORGES.

GEORGES.

Eh bien?

HENRI.

Je reste.

GEORGES.

Pourquoi?

HENRI.

La comtesse m'a prié de l'attendre.

GEORGES.

Que le diable t'emporte avec ta comtesse!.. Si l'on te surprend tout à l'heure ici, tu es homme à te faire sottement casser la tête pour les beaux yeux d'une coquette qui se moque de toi.

HENRI.

Georges!

GEORGES.

Eh! ne veux-tu pas que je dise comme toi, que c'est un ange? Demande au docteur ce qu'il en pense... Je suis sûr qu'il est de mon avis...

LE DOCTEUR.

Eh! eh! quel est votre avis?

GEORGES.

Aussi vrai que M. du Bastard est un sot et le commandeur de Laurac un fripon, cette comtesse te trompe et t'entraîne dans quelque piége.

LE DOCTEUR.

Vous croyez?

HENRI.

C'est absurde!

GEORGES, *lui prenant le bras.*

Ecoute. Pendant cette soirée, elle n'a pas une seule fois tourné les regards de ton côté, et tandis que tu déclamais des vers ,écrits pour elle, je l'ai entendue demander de l'argent à son homme d'affaires.

LE DOCTEUR, *riant.*

Qui lui en refusait.

HENRI.

Eh bien?

GEORGES.

Eh bien ! cette femme ne t'aime pas, morbleu ! et tu as tort
de ne pas nous suivre.

HENRI, *s'asseyant.*

Je reste !

GEORGES.

Comme tu voudras... (*Prenant le bras du docteur.*)Allons, docteur, laissons-le !

LE DOCTEUR.

Son bonheur me fait envie.

GEORGES.

Et moi, docteur, il m'épouvante!

LE DOCTEUR.

Oh ! oh ! (*Georges et le docteur sortent par le fond.*)

SCÈNE XXIII.

HENRI, *seul.*

Enfin les voilà partis ! (*Il se lève et va fermer la porte. — Les
bougies à demi consumées ne jettent plus qu'une faible clarté.*)
Chère Henriette ! pourquoi veulent-ils me faire douter de ton
amour? (*Apercevant le bouquet déposé par Rose sur la cheminée.*)
Ce bouquet... je le reconnais... c'est le mien!... Comment se
trouve-t-il là confondu avec ces fleurs de parade? (*Il le rejette
sur la cheminée.*) Ah ! Georges a eu tort de me parler ainsi ! je
lui en veux !... Et ce docteur, avec son ricanement moqueur,
et ses réticences maladroites, je le hais... je... (*Se laissant
tomber sur une chaise, la tête dans ses mains.*) — Pourquoi me
tromperait-elle ? (*Rose entr'ouvre doucement la porte et se dirige
vers le guéridon, sur la pointe des pieds sans apercevoir Henri.*)

SCÈNE XXIV.

HENRI, ROSE : *elle s'arrête près du guéridon, prend l'Album sur
lequel Henri a écrit ses vers et l'ouvre.*

HENRI, *à part.*

Que s'est-il donc passé tout à l'heure entre elle et le comte?
Ah! je ne sais quel pressentiment m'avertit que cet entretien
va décider de ma vie entière !... (*Apercevant Rose.*) La voilà!..(*Rose
relit en silence les vers de Henri.*) Non! Que vient chercher ici cette
enfant? (*Il se lève et gagne sans bruit le fond du théâtre.—Rose regarde autour d'elle avec inquiétude, et, se croyant seule, arrache de
l'album la page sur laquelle les vers de Henri sont écrits.*) Que fait-
elle? (*Rose replace l'album sur le guéridon et se dirige vers la cheminée. Au moment où elle étend sa main vers le bouquet, Henri laisse
échapper un cri de surprise. Rose se retourne effrayée, la page de
l'album tombe de ses mains. S'élançant vers elle et ramassant le papier.*)

Mes vers !

ROSE.

Ah ! (*Se cachant la tête dans ses mains.*) Pardonnez-moi !

HENRI.

Quoi donc, pauvre enfant ?

ROSE.

Adieu !

HENRI, *la retenant doucement.*

Restez !

ROSE.

Adieu, monsieur Henri ! ne me demandez rien ! ne m'inter
rogez pas ! (*Elle se détourne pour pleurer.*)

HENRI.

Des larmes !

ROSE.

Vous ne me reverrez plus !

HENRI.

Que dites-vous ?

ROSE.

Avant de quitter pour toujours cette maison, je voulais...
Non ! je ne puis rien dire... Pardonnez-moi d'avoir dérobé
cette page qui porte votre nom !

HENRI, *montrant la fleur qu'elle porte à son corsage.*

Et cette fleur qui appartenait à ce bouquet, je crois ?

ROSE.

Ah ! reprenez-la, Monsieur !...

HENRI, *prenant la fleur.*

Merci ! Gardez aussi ces vers, je vous les donne... (*La prenant dans ses bras.*) Rose ! chère enfant ! comment n'ai-je pas
compris plutôt le secret de vos larmes ! Comment n'ai-je pas
deviné...

ROSE, *se dégageant.*

Adieu ! (*Cachant le papier dans son sein.*) Adieu ! et merci !
(*Elle s'éloigne rapidement.*)

HENRI, *s'élançant pour la retenir.*

Rose !

ROSE, *sur le seuil.*

Soyez heureux ! (*Elle disparaît.*)

SCÈNE XXV.

HENRI, *puis* LA COMTESSE.

HENRI.

Ah ! qui sait ? Est-ce bien le bonheur qui m'attend ici ? (*La
comtesse sort par la gauche en costume de voyage.*)

LA COMTESSE.

Henri !

HENRI, *se retournant et allant au-devant d'elle.*

Ah !

LA COMTESSE.

Le comte sait tout ! Votre lettre est entre ses mains ; je pars
à l'instant même !

HENRI.

Vous partez ?

LA COMTESSE.

Une chaise de poste m'attend au coin de la rue... C'est mon mari qui a pris soin de tout disposer... je vous expliquerai cela plus tard... Quant au lieu de ma retraite, je ne le dis qu'à vous seul, à vous seul, entendez-vous ? Je vais m'enfermer quelques jours à La Rillière ; de là, je compte passer en Allemagne. Vous m'avez si souvent parlé des bords du Rhin, que je serais enchantée de faire ce petit voyage en bonne compagnie. (*Lui tendant la main.*) A bientôt !

HENRI.

Mais...

LA COMTESSE.

Ne me suivez pas. (*Elle sort par le fond.*)

LE COMTE, *dans la coulisse.*

Mariette !

HENRI.

Le comte !

LE COMTE.

Mariette ! (*Entrent Mariette et Pigeonneau. Pigeonneau est gris.*)

SCÈNE XXVI.

LE COMTE, HENRI, MARIETTE, PIGEONNEAU.

PIGEONNEAU, *chantant.*

Mariette, mes amours,
Je veux vous aimer toujours...

MARIETTE.

Monsieur le comte a appelé ?

LE COMTE.

Vous direz à madame la comtesse...

MARIETTE.

Madame la comtesse descend l'escalier.

LE COMTE.

Comment?

MARIETTE.

La Brie attend depuis un quart d'heure madame la comtesse dans la rue.

LE COMTE.

La Brie ! (*S'élançant vers la porte.*) Misérable ! (*Il se trouve en face de Henri qui lui barre le chemin.*) Vous, Monsieur ?...

PIGEONNEAU.

Je le disais bien que mon maître était encore ici.

HENRI, *froidement.*

Madame la comtesse est partie !

LE COMTE.

Et vous restez ici pour protéger sa fuite !... Vous !... vous, Monsieur !... Vous ne savez donc pas que cette lettre me donne le droit de vous tuer?

PIGEONNEAU.

Hein ?

HENRI.

Je suis à vos ordres, monsieur le comte.

LE COMTE.

Un duel ! quand je vous tiens entre mes mains, quand je puis vous briser le crâne !... (*Il tire un pistolet de sa poche et ajuste Henri. Rose, qui a reparu depuis quelques instants, s'élance entre Henri et le comte en poussant un cri.*)

HENRI.

Chère enfant ! (*Au comte.*) A demain, monsieur le comte.

ACTE III.

UNE FAMILLE DU MARAIS.

La chambre de Marie.

SCÈNE PREMIÈRE.

MARIE *seule. Elle est assise près d'une alcôve dont elle tient le rideau entr'ouvert et achève une chanson.*

> Sur ta lèvre vermeille
>   Qui sommeille.
> Sens-tu pas se poser
>   Le baiser
> De ta mère qui veille ?

Il dort !—O cher berceau ! ma plus douce espérance !
Source de tout bonheur et de toute souffrance !
Toi qui remplis mes jours et mûris ma raison,
Toi qui donnes un air de fête à la maison,
Sois béni !... Ne connais de la vie et du monde
Que ce qu'ils ont de bien, ô chère tête blonde !
Que Dieu même te garde, et qu'un heureux destin
Accueille en souriant tes jours à leur matin !
—Ah ! plier sous ses doigts comme une molle argile
A de nobles vertus une âme encor docile ;
La voir éclore au bien sous des soins différents,
Protéger sa jeunesse après ses premiers ans
Et quand l'heure est venue, au monde qui le nomme
Donner avec orgueil l'enfant qu'on a fait homme,
C'est ma tâche ! Et mon cœur digne de la remplir,
O ma sœur ! te promet de n'y jamais faillir !
(*Se tournant vers le berceau.*)
Que seras-tu ? Déjà sur ton front inclinée,
D'un regard inquiet je suis ta destinée,
J'entrevois ta jeunesse avec ses passions,
Ses pleurs !... puis l'âge mûr et ses ambitions !
Puis de nouveaux désirs après d'autres mécomptes,

Et pour un bonheur lent des peines toujours promptes !
J'ai peur... et je me prends à regretter tout bas
Le temps où j'endormais cet enfant dans mes bras !
(Elle se lève.)
Ah ! si mon rêve un jour !... Mais à quoi bon mon rêve ?
Nous commençons leur vie, et c'est Dieu qui l'achève !
Allons ! sans perdre ainsi le temps à babiller,
Je ne veux plus rêver pour lui, mais travailler.
(Elle prend une broderie. On frappe.)
On a frappé, je crois...*(On frappe de nouveau.)* Oui. *(Elle va ouvrir.)*

SCÈNE II.

MARIE, LE DOCTEUR.
MARIE, *avec joie.*

Le docteur !

LE DOCTEUR.

Lui-même,

Qui vient voir comment vont les gens, et qui vous aime !
MARIE.

Que vous êtes bon !

LE DOCTEUR.

Vrai ?
MARIE, *souriant.*
Vous en doutez ?
LE DOCTEUR.

Ma foi !

Tout le monde n'est pas si bien pensant pour moi !
Ce vieux cœur, il est vrai, n'aime pas tout le monde.
Ça, voyons, chère enfant, je viens faire ma ronde ;
La santé ? — mais, d'abord, parlez-moi du bambin.
MARIE, *écartant le rideau.*

Rose et frais ! vous voyez.
LE DOCTEUR.
Certe ! un vrai chérubin ! —

Et votre père ?
MARIE.
Mieux, grâce à vous !
LE DOCTEUR.

Non, ma chère !

Je pansai, mais c'est Dieu qui géurît votre père ! —
C'est un proverbe. — Et vous ?
MARIE.
Fort bien !
LE DOCTEUR.

Pourtant, morbleu !

Je vois ces beaux yeux-là se fatiguer un peu !
D'où vient que tous les jours s'effacent davantage
Ces joyeuses couleurs qu'on portait au visage ?
D'où vient que ce regard, de sommeil encore lourd,
S'efforce à soutenir l'éclat trop vif du jour ?

3

Nous ne dormons donc plus à l'heure où tout repose?
Si vous m'aimez un peu, vous m'en direz la cause.

MARIE.

Que vous dire? docteur, chacun a ses ennuis!

LE DOCTEUR.

Il suffit pour cela de vos jours, sans vos nuits.

MARIE.

J'ai honte à vous conter des peines si légères.
Mon père avait remis à son homme d'affaires
Quelqu'argent qu'il avait lentement amassé,
Peu de chose, à ne voir dans cet argent placé
Que sa valeur; beaucoup, quand cette faible somme
Représente la vie et les efforts d'un homme.
Une faillite a tout perdu; j'ai redouté
De voir à ses vieux jours ce nouveau coup porté;
Car un peu de faiblesse est commune à son âge,
Aussi bien que la force au mien et le courage!
Craignant donc de le voir s'effrayer sans raison,
J'ai rendu mon aiguille utile à la maison;
Et, cherchant un quartier moins coûteux que le nôtre,
Pour cet appartement nous avons quitté l'autre.
Ainsi tout a passé sans bruit, inaperçu,
Et de sa pauvreté mon père n'a rien su.
Vous voyez, nous vivons ainsi que d'habitude;
Si j'en ai conservé cet air d'inquiétude,
Ce n'est pas là de quoi s'épouvanter beaucoup.
Je suis jeune et je puis travailler. Voilà tout.

LE DOCTEUR.

Chère enfant! si je puis...

MARIE.

Quoi donc? Je suis heureuse!
Croyez-le bien, docteur, une âme vigoureuse,
Jusque dans son sommeil, prête à se ressaisir,
A vaincre le malheur trouve quelque plaisir.
S'il faut tout avouer, cet orgueil me pénètre,
De penser qu'à moi seule ils devront leur bien-être,
Et que, pour aplanir à tous deux le chemin,
Il suffit du travail de cette faible main!
Ne me plaignez donc pas des maux que Dieu m'envoie,
Car s'ils ont leur angoisse, ils ont aussi leur joie.

LE DOCTEUR.

Oui, je vous connaissais, et votre seul aspect,
Du jour où je vous vis, m'inspira le respect.
Oui, j'avais deviné de si rares mérites;
Je me sens tout ému de ce que vous me dites;
Il me semble, à vous voir, que je deviens meilleur,
Et des vices humains vous reposez mon cœur!
Ah! si la récompense aux vertus se mesure,
La vôtre vous sera payée avec usure,
Et ce Dieu, dont la main vous éprouve aujourd'hui,

Se souviendra du bien que vous faites pour lui.

MARIE.

Il s'en souvient, et m'a déjà récompensée ;
Car, en son dernier vœu, ma sœur est exaucée.
Vous connaissez mon père... Exact à son devoir,
Si faiblesse peut-être, est de n'en pas avoir,
Et comme il fut toujours rigoureux pour lui-même,
Il exige d'autrui cette vertu qu'il aime.
Eh bien ! s'il eût jamais connu son déshonneur,
De sa maison en deuil il eût chassé ma sœur.
Dieu, sans doute, en privant ses yeux de la lumière,
 Voulait sauver l'enfant de la rigueur du père,
Et ce vieillard, pressé d'une éternelle nuit,
N'a pas vu le malheur grandir autour de lui !
Que d'efforts pour tenir cette faute ignorée !
Que d'angoisses ! — Ma sœur, de remords déchirée,
Les yeux chargés de pleurs et le corps frémissant ;
Mon père, souriant à son bonheur absent,
Appelant près de lui Jeanne pâle et muette,
La cherchant d'une main tendrement inquiète ;
Elle tremblante ! et moi, le cœur d'effroi glacé,
Etouffant sur sa bouche un sanglot commencé,
Ah ! (*Elle se cache la tête entre les mains.*)
      Dieu l'a prise à lui !... Dans sa dernière étreinte,
L'âme obsédée encor de cette unique crainte,
Elle m'a fait jurer que mon père jamais
Ne saurait rien de moi. Puis elle est morte en paix,
Vous le savez !... la tombe aujourd'hui la protége ;
De celles qu'elle aimait j'ai vu le blanc cortége
Accompagner en pleurs ce cercueil respecté
Où dormait son secret avec elle emporté,
Et mon père, à l'enfant qu'il avait tant aimée,
A gardé dans son cœur sa place accoutumée.
Que tout soit oublié maintenant ! Tout est bien !
Ma récompense est belle ! et Dieu ne me doit rien !

LE DOCTEUR.

Vous êtes une bonne et noble créature ;
Oui, Jeanne restera sans tache et sans souillure.
Et ce berceau, chez vous reçu par charité,
Ne contient plus pour moi qu'un enfant adopté.
N'est-ce pas entre nous la fable convenue ?
L'histoire n'en sera que de moi seul connue.

MARIE.

Quelqu'un la sait encor !

LE DOCTEUR.

              Le comte de Villier ?
Non, car depuis six mois il a dû l'oublier.
Connaissez-vous si peu cette âme méprisable ?
A l'étranger, d'ailleurs, il vit en misérable !
Et serait mal reçu, s'il revenait ici.

Soyez donc en repos de ce côté.

> MARIE, *lui serrant la main.*

Merci !

(Entendant ouvrir.)
Quelqu'un !

SCÈNE III.

LES MÊMES, GEORGES.

> MARIE, *à part.*

Georges !

> LE DOCTEUR, *à part.*

Monsieur de Vernon ! C'est étrange !
Que vient-il faire ici ?

> GEORGES.

Pardon, je vous dérange,
Mademoiselle...

> MARIE.

Moi !

> GEORGES.

Je me retire.

> MARIE.

Non.
Restez. *(Présentant le docteur.)* Un vieil ami !

> LE DOCTEUR.

Mais...

> MARIE, *présentant Georges.*

Monsieur de Vernon !
Un voisin qui, parfois, nous vient dans la soirée.
Un peu d'algèbre ici lui donne son entrée.
Sur des points de science on dispute souvent.
Que vous dirai-je enfin ? Monsieur est un savant.

> GEORGES.

Je vous suis obligé de ce panégyrique.

> LE DOCTEUR, *à part.*

L'amour aurait-il part à son arithmétique ?
Diable ! j'y veillerai. *(A Georges.)* Nous voilà présentés.
Maintenant, dites-moi comment vous vous portez ?

> MARIE.

Vous vous connaissez donc ?

> LE DOCTEUR.

Depuis longtemps, ma chère.
J'ignorais seulement qu'il vînt chez votre père.

> MARIE.

Ne vous l'ai-je point dit ?

> LE DOCTEUR.

Jamais. *(A part.)* Elle rougit !
(Haut.) Mais c'est de mon malade à présent qu'il s'agit.
Il prendrait à m'attendre un peu d'impatience,

Et je vais m'informer de sa convalescence.
> (*Après avoir fait quelques pas pour sortir, il se retourne vers
> Georges.*)

A propos, votre frère?..

GEORGES.

Il s'est battu.

LE DOCTEUR.

Je sai.

Même ne l'a-t-on pas grièvement blessé ?

GEORGES.

A l'épaule.

LE DOCTEUR.

Toujours suivi de son Hélène ?

GEORGES.

Toujours ! un galérien rompt-il sitôt sa chaine ?

LE DOCTEUR.

Hélas ! (*Il se dispose à sortir.*)

MARIE.

Je vous suis.

LE DOCTEUR, *souriant.*

Bah ! (*Il sort.*)

SCÈNE IV.

GEORGES, MARIE.

GEORGES.

Pardon !

MARIE.

Que voulez-vous ?

GEORGES.

Mais... tenez, il fait froid, je souffre ! Asseyons-nous
Et causons... J'ai besoin de vous parler.
> (*Il s'assied devant la cheminée et tisonne.*)

MARIE.

J'écoute.

(*Georges tousse.*)
Vous souffrez beaucoup?

GEORGES.

Oui. — Votre père, sans doute,
Viendra dans un moment rompre notre entretien.
Les vieillards...

MARIE.

Qu'avez-vous à me dire ?

GEORGES.

Moi? — Rien !

MARIE.

Vous moquez-vous ? Ou bien si vous avez la fièvre ?

GEORGES.

C'est... (*A part.*) Ah ! ce mot toujours expire sur ma lèvre !
Non, je ne puis !..

MARIE.

Allons, vous êtes, je le voi,
Dans vos jours de méchante humeur !..

GEORGES.

Excusez-moi.
Le caprice du temps sans doute en est la cause,
Car je n'ai jamais vu de printemps si morose ;
L'homme, ma chère enfant, est au raisin pareil
Et je crois qu'il devient meilleur au grand soleil.

MARIE.

Ce soleil a pourtant suffi pour faire éclore
Mes pauvres fleurs ! Voyez ! elles vivent encore !
          (*Elle écarte le rideau de la fenêtre et lui montre des fleurs*)
N'en parlez donc point mal, ou parlez-en plus bas !

GEORGES.

Vous aimez les fleurs ?

MARIE.

Oui. Vous ne les aimez pas ?

GEORGES.

Si vraiment. — Avez-vous du bois ?

MARIE, *s'asseyant.*

Il est dans l'âtre.

GEORGES.

Ah ! c'est vrai. (*Il tisonne et s'arrête pour tousser.*)

MARIE.

Cette toux est bien opiniâtre !
Vous ne vous soignez pas aussi.

GEORGES.

Qu'en savez-vous ?

MARIE.

Je sais qu'il vous faudrait un régime plus doux.
Que vous passez vos nuits à des travaux arides
Et qu'on hâte par là la vieillesse et les rides.

GEORGES.

Il faut bien employer ses nuits.

MARIE.

Certe ! à dormir.

GEORGES.

Non, le travail me plaît comme un âpre plaisir,
Et la science absorbe, ainsi qu'une maîtresse,
Toutes les passions dont bouillait ma jeunesse ;
Lassé du monde, seul, et l'amertume au cœur,
C'est vers elle que j'ai détourné ma vigueur.
Sa fièvre me réchauffe et son ardeur m'enivre,

Et je lui dois enfin la volupté de vivre.
Qu'importe, après cela, si je succombe ou non ?
Et qui se souviendra seulement de mon nom ?...
MARIE.
Tenez, on vous croirait méchant à vous entendre.
C'est mal.
GEORGES.
Bah ! vous verrez... Le monde n'est pas tendre.
MARIE.
Ainsi vous ne croyez pas même à l'amitié ?
GEORGES.
Comme il vous plaira.
MARIE.
Soit ! Vous me faites pitié !
(*Elle se lève.*)
GEORGES.
Qu'avez-vous ? Vous pleurez ? (*Il se lève.*)
MARIE.
Ah ! laissez-moi !
GEORGES.
Marie !
De grâce ! Tout cela n'était que raillerie !
Ne pleurez plus ! j'ai tort ! Il faut me pardonner !
Ma raison, voyez-vous, se perd à raisonner !
J'ai le cerveau malade et la parole amère !
MARIE.
Ah ! Georges ! il vous fallait...
GEORGES.
Quoi ?
MARIE.
Les soins d'une mère !
GEORGES.
Mais ces soins, grâce à vous, suivent partout mes pas.
MARIE.
Fausse amitié, sans doute, où vous ne croyez pas !
GEORGES.
Moi !
MARIE.
Promettez-moi donc, par cette amitié vraie,
De prendre plus de soins de ce mal qui m'effraie.
GEORGES.
Soit, je vous le promets ! Que voulez-vous encor ?
MARIE.
Ah ! si j'osais...
GEORGES.
Quoi donc ? Parlez !
MARIE, *lui montrant une petite croix.*
Cette croix d'or !...

GEORGES.

Eh bien ?

MARIE.

Mais non ! De moi peut-être allez-vous rire ?

GEORGES.

Pourquoi ? peut-on jamais railler ce qu'on admire ?

MARIE.

Ah ! c'est que la raison d'un homme se défend
De la foi qui faisait les rêves de l'enfant ;
Que m'importe après tout ? La confiance est bonne !
Ma croix vous portera bonheur, je vous la donne !

GEORGES.

Ah ! merci !

MARIE.

Cachez-la ! J'entends venir quelqu'un !
Cachez-la donc, vous dis-je !

GEORGES.

Au diable l'importun !

MARIE, *voyant entrer Pierre.*

C'est Pierre.

SCÈNE V.

LES MÊMES, PIERRE.

PIERRE.

Excusez-moi, la porte était ouverte.

GEORGES, *saluant.*

Monsieur...

PIERRE.

Ce n'est pas moi qui vous chasse ?

GEORGES.

Non, certe ;

Mais je me retirais quand vous êtes venu.
(*Les deux hommes se saluent en silence. Georges sort.*)

SCÈNE VI.

MARIE, PIERRE.

MARIE.

C'est... monsieur de Vernon !

PIERRE.

Je l'avais reconnu.
Je sais qu'assez souvent il rend ici visite.

MARIE.

En effet.

PIERRE, *se chauffant debout devant la cheminée.*

C'est, dit-on, un homme de mérite,
Mais d'un esprit fantasque et bizarre à l'excès,
Sombre...

MARIE.

N'allez-vous pas lui faire son procès ?

PIERRE.

Moi ? non ! Rassurez-vous ! Que lui reprocherais-je ?
Votre amitié, d'ailleurs, à mes yeux le protége.

MARIE.

Le protége de quoi, s'il vous plaît ?

PIERRE.

Que sait-on ?

MARIE.

Vraiment, vous le prenez sur un étrange ton,
Monsieur. De ses amis doit-on vous rendre compte ?
Peut-être à les juger vous avez l'âme prompte,
Et d'un sens plus rassis, vous devriez penser
Que le trait qui les blesse aussi peut nous blesser ?...

PIERRE.

Quoi ! dans ce que j'ai dit, ai-je pu vous déplaire ?
Un mot mérite-t-il cette grande colère ?
Qui, moi ! vous affliger ! ô Marie ! ô ma sœur !
Vous de qui tous mes vœux appellent le bonheur ;
Ah ! vous ne saurez pas de quel rêve suivie,
Dans mes jours, dans mes nuits, s'arrangeait votre vie !

MARIE.

Que dites-vous?

PIERRE.

Non, rien ! Je deviens fou, je croi !
Pardon !.. (A part.) Souviens-toi donc qu'on ne veut pas de toi!

SCÈNE VII.

LES MÊMES, LE DOCTEUR, JACQUES.

LE DOCTEUR, *à Jacques, en le soutenant.*

Appuyez-vous sur moi, vous dis-je !

PIERRE, *bas à Marie.*

Votre père !

JACQUES.

Les forces, avant peu, me reviendront j'espère.
(*En souriant.*)
Voyez, je cours déjà... ne me soutenez pas.....
Je pourrai bien sans vous essayer quelques pas.
(*Il rencontre la main de Pierre.*)
Quelqu'un !

MARIE.

Pierre !

JACQUES.

Ah ! c'est toi ? Nous sommes en famille,
Docteur ! car je l'ai vu grandir avec ma fille.
Brave et loyal garçon qui fut mon écolier,
Et chez qui l'âge vient sans me faire oublier.
Dans mon ancien collége il est maître d'études,
Métier qui ne va pas sans des jours un peu rudes.

Mais où d'autres se sont essayés avant lui,
Qui, jadis inconnus, sont fameux aujourd'hui
Il les imitera, j'en suis sûr.

PIERRE.

Sans prétendre
A cet excès d'honneur, je venais vous apprendre
Que d'un fort grand souci j'ai le cœur soulagé ;
Ma position change, et je suis agrégé.

JACQUES.

Parbleu ! j'en suis bien aise et prends part à ta joie ;
Ne l'avais-je pas dit? Courage, et suis ta voie ;
C'est celle de la règle et partant du bonheur.
Allons, conduisez-moi, monsieur le professeur!
Là... près du feu. — Mais Georges! est-ce donc qu'il m'évite ?
On m'avait tout à l'heure annoncé sa visite.

MARIE.

Il est vrai ; mais il vient de partir.

JACQUES.

Sans me voir ?
Il avait donc ailleurs un bien pressant devoir ?

MARIE.

Il souffrait.

LE DOCTEUR, *à demi-voix.*

En effet, sa pâleur est extrême !
Il m'inquiète !

MARIE, *très-émue.*

Lui ! quoi ! vraiment !

LE DOCTEUR, *à part.*

Elle l'aime !

MARIE.

Mon Dieu !

LE DOCTEUR, *toujours bas.*

Rassurez-vous ! Georges n'aura besoin,
S'il m'en croit, que d'un peu de repos et de soin.
(A part.)
Elle l'aime !

JACQUES, *assis devant la cheminée.*

Plaît-il? Vous parlez, ce me semble?
(A Pierre.)
Dis-moi donc ce qu'ils ont à comploter ensemble !

LE DOCTEUR.

Nous? rien ! Si fait pourtant. Je disais que voici
Les beaux jours ; et qu'au lieu de vous cloîtrer ainsi
Vous feriez mieux, je crois, d'aller dans l'air plus tiède
Chercher à vos douleurs le seul et vrai remède,
Le soleil, qui revient à point vous caresser,
Et que tous les docteurs ne sauraient remplacer.

JACQUES.

Fort bien ! la Faculté bravement en décide ;

Mais a-t-elle oublié que j'ai besoin d'un guide ?
Qui me conduira ?

PIERRE.

Moi, Monsieur.

MARIE.

Ils ont raison ;
Je suffirai, sans vous, à garder la maison.

JACQUES.

Cependant...

LE DOCTEUR.

Je l'ordonne...

MARIE.

Et moi, je vous en prie !

JACQUES.

Allons, il faut céder. Le docteur et Marie
Sont contre moi tous deux. Je suis prêt. (*Il se lève.*)
Mais d'abord
Je voudrais embrasser le marmot.

MARIE.

Chut ! il dort !

JACQUES, *près du berceau.*

Il dort ! Oui, sur mes doigts je sens sa fraîche haleine
De calme, de repos, de sève toute pleine.
Que l'enfance est charmante, et que sa pureté
Exhale un vrai parfum de vie et de santé !
Ah ! dans ce bon sommeil qui semble nous sourire,
C'est le ciel tout entier qui vit et qui respire ! —
Je te bénis ! Le jour où tu passas mon seuil
Etait pour nous un jour de tristesse et de deuil !
La mort sur ma maison portait sa main avide ;
Mais Dieu n'a pas voulu laisser la place vide.
Rends donc à mes vieux ans l'enfant que j'ai perdu !
Je te reçois ainsi qu'un convive attendu ! —
Ton bras, Pierre ! et sortons ! (*Pierre lui donne le bras.*)

SCÈNE VIII.

LES MÊMES, DURET.

JACQUES.

Qui donc ouvre la porte ?

DURET, *saluant.*

Mes devoirs...

JACQUES.

Ah ! monsieur Duret...

DURET.

Je vous apporte...

JACQUES.

Quoi ?

DURET.

Sauf votre respect, c'est un petit papier
Tout comme une quittance.

JACQUES.
>> Ah ! fort bien ! le loyer !

DURET.

Oui, Monsieur, et, de plus, c'est le jour de ma fête,
Ce qui vous surprendra.

JACQUES, *à Marie.*
>> La somme est-elle prête,

Mon enfant ?

MARIE, *hésitant un peu.*
>> Oui, mon père !

JACQUES.
>> Arrange donc cela.

LE DOCTEUR, *à part.*

Et nous, chez Georges, allons !

PIERRE, *bas à Marie.*
>> Songez que je suis là !

Si ma bourse...

MARIE, *bas.*
>> Merci, Pierre ! c'est inutile !

DURET, *à part.*

Ces bourgeois, j'en suis sûr, ont des cent et des mille.
(*A Jacques.*) Monsieur, je vous salue.

JACQUES.
>> Au revoir.

LE DOCTEUR, *à Marie en passant près d'elle.*
>> Sans adieu !

(*Jacques sort au bras de Pierre ; le docteur les suit.*)

SCÈNE IX.

MARIE, DURET.

DURET, *après un moment de silence, la quittance à la main.*
Il fait un joli temps !

MARIE, *à part.*
>> Que lui dire, mon Dieu !
(*Haut.*) Tenez, monsieur Duret, je vous crois raisonnable ?

DURET.

Mais.

MARIE.
>> Cet argent...

DURET.
>> Eh bien ?

MARIE.
>> Je ne l'ai pas.

DURET.
>> Ah ! diable !

MARIE.

Croyez qu'il me faut être en un grand embarras
Pour vous devoir un terme et ne le payer pas.
Bientôt, j'espère...

DURET.

Bon ! je conçois cette histoire.
Tout à l'heure pourtant, si j'ai bonne mémoire,
Vous disiez...

MARIE.

Je mentais pour laisser ignorer
A mon père, un malheur qu'il ne peut réparer.

DURET.

Cela me fâche, étant fort doux de caractère.
Mais, comme *alter écho* de mon propriétaire,
En pareil cas je dois me faire un cœur d'acier ;
Vous n'avez pas d'argent, bien ! tout est dit : l'huissier !

MARIE.

L'huissier !

DURET.

Voilà ! — Croyez qu'un tel moyen m'afflige !

MARIE.

Ah ! que faire ?

DURET.

Payez.

MARIE.

Mais je n'ai rien, vous dis-je !

DURET, *saluant.*

J'en suis désespéré !.. Mes devoirs...

MARIE.

Un moment !
(*Elle prend un ouvrage de broderie.*)
Si mon ouvrage était achevé seulement !
Qui sait ? Ne peut-on pas m'avancer sur la somme
Un à-compte ? (*A Duret.*) Venez !..

DURET.

Concierge avant d'être homme !

SCÈNE X.

LES MÊMES, GEORGES, UN COMMISSIONNAIRE *portant une jardinière.*

MARIE, *rencontrant Georges sur le seuil.*

Georges !

GEORGES.

Vous m'avez dit que vous aimiez les fleurs...
En voici ! (*Le commissionnaire dépose la jardinière dans un coin.*)

MARIE.

Quoi !...

DURET, *à part.*

Voilà qui va sécher nos pleurs !

GEORGES, *au commissionnaire, en le payant.*

C'est bien ! Pour vous.

LE COMMISSIONNAIRE.
Merci, Monsieur. (*Il sort.*)
MARIE.
Quelle folie !
Je devrais vous gronder... je devrais... mais j'oublie
Qu'une affaire me presse et m'oblige à sortir ;
Nous en reparlerons tantôt plus à loisir.
Je suis à vous, monsieur Duret.
DURET.
Mademoiselle...
GEORGES, *à part.*
Qu'a-t-elle donc ?
DURET, *bas à Marie.*
Eh bien ! l'occasion est belle
A sortir d'embarras.
MARIE.
Plaît-il ?
DURET, *toujours bas.*
Bon ! je m'entends.
MARIE.
Je ne vous comprends pas, Monsieur, et vous attends.
(*A Georges*) Adieu ! (*Elle sort.*)

SCÈNE XI.

GEORGES, DURET.

DURET, *saluant.*
Monsieur...
GEORGES, *l'arrêtant.*
Un mot !
DURET.
A moi ? — Monsieur m'honore !
GEORGES.
Qu'a cette pauvre enfant ? Répondez !
DURET.
Je déplore
La dure extrémité...
GEORGES.
C'est bon. Répondez-moi.
DURET.
Le ciel ne m'avait pas fait pour ce triste emploi.
Mon père, au temps jadis, était huissier à verge ;
Moi, c'est tout différent, Monsieur, je suis concierge.
Des révolutions inévitable effet !..
GEORGES.
Au fait, que diable ! Au fait !
DURET.
Eh bien ! Monsieur, le fait,

C'est que je viens ici pour le propriétaire
Réclamer le loyer dû par son locataire.
Avec égards, Monsieur... Et qu'on me dit tout net,
Qu'on ne peut me donner d'argent, Voilà le fait.

GEORGES.

Bien. Ne tourmentez plus monsieur Bernard. Je paie.
Veuillez de ce billet me chercher la monnaie,
Et me la rapportez.

DURET, *prenant le billet.*

Monsieur...

GEORGES.

Mais allez donc !

DURET, *regardant le billet.*

Mille francs ! — Mes devoirs...

GEORGES.

De tout mon cœur !

DURET, *rencontrant le docteur sur le seuil et lui livrant passage.*

Pardon !

(*Le docteur entre. — Duret sort.*)

SCÈNE XII.

GEORGES, LE DOCTEUR.

LE DOCTEUR.

Ah ! je vous trouve enfin !

GEORGES.

Vous me cherchiez ?

LE DOCTEUR.

Peut-être !
Eh bien ! depuis tantôt, quoi de neuf, mon cher maître ?

GEORGES.

Nil sub sole novum, docteur ! Rien de nouveau.

LE DOCTEUR.

Ah ! parbleu ! ce n'est pas l'avis de Pigeonneau.
Je sors de chez vous.

GEORGES.

Bah ! que vous a dit ce drôle ?

LE DOCTEUR.

Mais que, premièrement, l'aiguille tourne au pôle.

GEORGES.

Après ?

LE DOCTEUR.

L'aimant au fer et le cœur à l'amour !
Et que c'est la raison qui vous fait tout le jour
Chercher en ce lieu-ci fortune, ou Dieu le damne ! —
Peste ! c'est un garçon d'esprit.

GEORGES.

Oui, pour un âne !
J'espère bien, docteur, que vous n'en croyez rien ?

LE DOCTEUR.

Pourquoi donc, s'il vous plaît ?

GEORGES.

                Allons, vous savez bien
Que je n'ai pas l'humeur tournée aux aventures.

LE DOCTEUR.

Bon ! l'amour attendrit les âmes les plus dures.

GEORGES.

S'il était vrai, pourquoi voudrais-je m'en cacher ?

LE DOCTEUR.

Notre jeune voisine a de quoi vous toucher.
Cependant, avouez qu'elle est charmante et belle ?
Ne lit-on pas son cœur dans ses yeux purs comme elle ?

GEORGES.

C'est une aimable enfant sans contredit.

LE DOCTEUR.

                      Eh bien ?
Vous ne l'aimez pas ?

GEORGES.

          Non.

LE DOCTEUR.

               Et moi je vous soutien
Que vous l'aimez.

GEORGES.

         Pardieu ! je me connais peut-être !

LE DOCTEUR.

Eh ! qui donc, ici-bas, est sûr de se connaître ?
Non. J'y vois mieux que vous, sans être un grand devin,
Et sais que votre cœur nourrit un vieux levain
Dont l'amertume enfin passe votre courage.
Rendez-vous une fois, et soyez de votre âge.

GEORGES.

C'est celui de mon frère et des fous. — Non, docteur,
L'amour est à mes yeux comme ce fruit menteur
Lentement consumé sous sa fraîcheur première,
Nous y portons la main, le fruit tombe en poussière.

LE DOCTEUR.

Nous nous entendons mal assurément.

GEORGES.

                   En quoi ?

LE DOCTEUR.

Vous parlez d'un amour au clair de lune. — Moi,
Je parle de celui qui va plus terre à terre,
Et dont la saine ardeur ne sent pas l'adultère,
Qui s'honore lui-même heureux et respecté,
Et se montre au grand jour dans son honnêteté.
Celui-là, je le sais, peut sembler ridicule ;
D'être un humble bourgeois on se fera scrupule,
Et quelque grand esprit sortant d'un mauvais lieu
Criera que je réduis l'amour au pot-au-feu.
Soit donc ! le mot me plaît ! car il dit la famille !
Le travail du mari pour sa femme et sa fille ;

Et ce bonheur que Dieu conserve à nos vieux ans
De voir autour de nous grandir de beaux enfants.
Beaucoup d'autres, sans doute, ont dit la même chose ;
Mais elle est toujours bonne à redire, et pour cause.

GEORGES.

Bravo! nous y voilà! le mariage! Après?
Vous nous trouverez bien encor quelques beaux traits?

LE DOCTEUR.

J'ai dit.

GEORGES.

Eh bien! tenez, je hais votre boutique
De travail, de bonheur, de foyer domestique !
Et tous ces lieux communs sur le parfait amour,
Qui, depuis quelque temps, sont à l'ordre du jour.
Laissez-moi ce fatras de maximes morales
Bonnes à réjouir d'honnêtes pastorales.
Et, si vous êtes franc, reconnaissez un peu
Toutes les pauvretés de votre pot-au-feu.
Pour votre châtiment, docteur, je vous proteste
Que je voudrais vous voir père, époux... et le reste.

LE DOCTEUR.

Ce qui n'empêche pas qu'au temps où nous voilà
On se marie encore avec ce reste-là.

GEORGES.

Souffrez donc que je manque à la règle commune.

LE DOCTEUR.

Si bien que vous cherchez l'amour au clair de lune?

GEORGES.

Ni celui-là, ni l'autre. Est-ce dit cette fois?

LE DOCTEUR, *s'asseyant près de la cheminée.*

Ne vous emportez pas. C'est dit, et je vous crois.

GEORGES.

C'est heureux! (*Il est pris d'un accès de toux.*)

LE DOCTEUR.

Qu'avez-vous?

GEORGES.

Un feu qui me dévore !

LE DOCTEUR.

Vous parlez trop!

GEORGES.

Pardieu! je vous admire encore,
Docteur, Vous, qui venez ici me quereller!
Depuis une heure, au moins, qui donc me fait parler?
Chez tous ces médecins, c'est bien la même histoire ;
Si jamais à quelqu'un ils défendent de boire,
On peut être assuré que, pour dîner gaiement,
Ils vous le griseront abominablement. (*Il s'assied.*)

LE DOCTEUR.

Encor, pour mériter cette verte boutade,

Il eût fallu savoir que vous étiez malade.

GEORGES.

Bah! ce n'est rien.

LE DOCTEUR.

Pourquoi vous soigner à demi?
Vous menez une vie absurde, mon ami!...
Et si...

GEORGES.

Bien manœuvré pour reprendre la route
Qui mène au mariage. Allez, je vous écoute.

LE DOCTEUR.

Moi! point du tout! parlons d'autre chose. D'ailleurs,
Que m'importe? Tenez, je regardais ces fleurs;
La jardinière en est élégamment ornée.
Mais, au fait, n'est-ce pas vous qui l'avez donnée?

GEORGES, *après un peu d'hésitation.*

Moi?... Non, docteur.

LE DOCTEUR.

Pourtant Pigeonneau m'assurait...

GEORGES, *se levant.*

Ah! Pigeonneau du diable! Et quand cela serait?

LE DOCTEUR.

Mais, de mon temps, les fleurs n'étaient pas un problème,
Et disaient clairement aux femmes : Je vous aime!

GEORGES.

Alors, c'est que les temps sont changés; car, du mien,
Avec tout leur esprit, les fleurs ne disent rien.
    (*Il arrache les fleurs et les jette dans un coin.*)
Et, sans doute, voilà qui me rendra croyable?

LE DOCTEUR, *se levant, et d'un ton plus grave.*

Soit! mais votre conduite alors devient coupable!
Car vous savez peut-être, et je le sais aussi,
Que si vous n'aimez pas, quelqu'un vous aime ici.
Epargnez, s'il se peut, dans sa première sève,
Ce cœur qui se nourrit d'un impossible rêve...
Et, puisque le secret vous en est révélé,
Respectez un repos que vous avez troublé!
Je vous crois, maintenant, l'âme trop bien placée,
Monsieur, pour concevoir une basse pensée!
Et je connais assez votre honneur, pour savoir
Qu'il pourra vous dicter, sans moi, votre devoir.
                        (*Il le salue et sort.*)

SCÈNE XIII.

GEORGES, *seul.*

A merveille! On nous met galamment à la porte.
Le docteur a raison pourtant.—Bah! que m'importe!
Et de quel droit enfin ce vieillard sermonneur
Prend-il si chaudement le soin de mon honneur?

Quel scrupule, après tout, lui blesse la visière?
Morbleu ! suis-je un enfant qu'on mène à la lisière?
Et saurais-je pas bien, s'il était de saison,
Sans d'importuns conseils quitter cette maison ?
Pour m'en chasser ainsi, me l'a-t-il donc ouverte? (*Il s'assied.*)
Je le trouve superbe avec sa découverte.
Elle m'aime! parbleu, je le savais! Mais quoi ! —
Si je ne l'aime pas, qu'y puis-je faire, moi?
Si je ne l'aime pas ! — la chose est-elle sûre?
Ah ! tu peux bien à toi découvrir ta blessure?
Et ce mot qui, toujours, te retrouve sans voix,
De tes lèvres peut bien s'échapper une fois,
Tu l'aimes ! (*Il se lève.*) D'où vient donc que tu n'oses le dire?
Que crains-tu d'un bonheur tout prêt à te sourire ?
N'as-tu donc pas assez de l'éternel ennui
Qui traîne le hideux suicide après lui?
Que veux-tu ? Qu'attends-tu de cette humeur sceptique?
Parle ! — Ah ! tous ces grands mots de foyer domestique
Contre qui, tout à l'heure encor, je murmurais,
Ne sont des lieux communs que parce qu'ils sont vrais.
Mais une théorie absurde qu'on s'est faite ;
Je ne sais quel orgueil qui vous trouble la tête ;
La sotte vanité d'être de ces esprits
Supérieurs au monde et du monde incompris ;
La peur, pour ajouter à ces incertitudes,
De changer quelque chose aux vieilles habitudes !
La honte de faiblir enfin, par-dessus tout
Et de ne pas jouer son rôle jusqu'au bout,
Tout cela fait si bien, que l'homme sacrifie
A son entêtement le bonheur de sa vie !
Allons, c'est misérable, en vérité !

SCÈNE XIV.

GEORGES, DURET.

DURET.
Voici
Votre billet en or, moins le loyer.

GEORGES.
Merci !

DURET.
Maintenant, permettez un mot à ma franchise.
Mon admiration, Monsieur, vous est acquise.
Et l'on saura de moi de qui vient ce beau trait.

GEORGES.
Au contraire, morbleu ! J'exige le secret.

DURET.
Mais, Monsieur, si l'on vient, ainsi qu'il est probable,
M'offrir l'argent...

GEORGES.
Que sais-je ? inventez une fable !

Mais gardez avant tout, c'est le point résolu,
Sur cette bagatelle un silence absolu.

DURET.

Si cependant, Monsieur, car Monsieur m'intéresse,
Voulait y mettre un peu moins de délicatesse...
Je crois, puisque Monsieur vient ici tous les soirs...

GEORGES.

Ai-je besoin d'avis, s'il vous plaît?

DURET, *saluant*.

Mes devoirs...

GEORGES, *se disposant à sortir*.

Faites ce que j'ai dit et songez à vous taire.

DURET, *à part*.

Si celui-là, jamais, devient mon locataire...

SCÈNE XV.

LES MÊMES, PIGEONNEAU.

PIGEONNEAU.

Pardon, Monsieur, c'est moi!... je viens...

GEORGES.

C'est bon; plus tard,
Nous aurons un vieux compte à régler, mon gaillard! (*Il sort.*)

SCÈNE XVI.

PIGEONNEAU, DURET, *puis* JACQUES *et* PIERRE.

DURET.

Ah! il n'est pas doux!

PIGEONNEAU.

Doux? C'est le diable en personne!
Et pour le plus bourru des fous je vous le donne.
Du matin jusqu'au soir il me fait enrager.

DURET.

Voilà les maîtres!

PIGEONNEAU.

Oui, mais on en peut changer.

DURET.

A quoi bon? Le meilleur fait toujours la grimace.

PIGEONNEAU.

Pas vrai? C'est, je l'avoue, une vilaine race!

DURET.

Ah! pouah! — Mais à propos, dites-moi donc un peu,
N'a-t-il point par ici quelque intrigue sous jeu?

PIGEONNAU.

Parbleu!

DURET.

C'est qu'il est fait au même le cher homme.

PIGEONNEAU.

Comment?

DURET.

Il est joué, vous dis-je. Et voici comme.
Vous savez bien la fille à monsieur Bernard ?

PIGEONNEAU.

Oui,
Puisque c'est l'objet.

DURET.

Bon ! — Pas plus tard qu'aujourd'hui,
Il a payé pour elle une somme assez ronde,
Son loyer ! Quand on voit, Monsieur, du pauvre monde...
Enfin ! — c'est révoltant ! — n'importe !—J'ai voulu
L'avertir de ne pas s'empêtrer dans la glu.
Baste ! il m'a bien reçu ! Rendez-leur donc service. —
        (*Pierre et Jacques paraissent au fond ; ils s'arrêtent tous deux*
                    pour écouter Duret.)
Eh bien ! cette enfant-là, voyez-vous, c'est du vice !
Oui, monsieur ! je l'ai su du portier d'avant-moi.
Elle se donne à faux pour une vertu, quoi !
Et fière !... avec son air de princesse éplorée !...
Quand elle viendra avec moi faire la sucrée...
Est-ce qu'elle me croit aveugle, par hasard,
Comme son pauvre père, — un malheureux vieillard,
Monsieur, qu'elle a trompé tout comme votre maître ? —
Le portier d'avant moi le savait bien peut-être,
Puisqu'il l'avait appris du portier de là-bas ! —
Pardine ! Les détails, je ne m'en souviens pas ;
Mais le fond, c'est l'enfant ! — Croit-elle en être crue
A conter qu'elle l'a ramassé dans la rue ?
Allons donc ! — Pourquoi pas sous des feuilles de choux ! —
Enfin ! c'est son enfant !—voilà !— Comprenez-vous?—
A preuve qu'il est là, ce pauvre innocent ! Dame !

JACQUES, *s'avançant avec égarement et en étendant les mains*
                    autour de lui.

Misérable !

DURET.

Holà !

PIGEONNEAU, *à part.*

Diable ! (*Il s'esquive.*)

JACQUES, *saisissant Duret à la gorge.*

Tu mens, infâme !

DURET.

Je vous jure, Monsieur...

JACQUES.

Tu mens !...

DURET.

Pas d'un seul mot;
A moins... Vous m'étranglez !... à moins que le marmot
Ne soit de l'autre...

JACQUES.

Qui ?...

DURET.

Votre autre demoiselle,

Pardi !

JACQUES.

Jeanne !...

DURET.

L'enfant est de sa sœur ou d'elle !
Voilà la vérité, Monsieur, des vérités !
Dame ! on peut bien confondre après tout !

JACQUES, sanglotant et lâchant Duret.

Ah !

(Il cherche à tâtons un fauteuil et s'y laisse tomber avec
désespoir.)

PIERRE, à Duret.

Sortez !

SCÈNE XVII.

JACQUES, PIERRE.

JACQUES.

Ce sont mes derniers pleurs, Pierre ! c'est l'agonie !

PIERRE.

Non, je n'y crois pas, non ! C'est une calomnie !

JACQUES.

C'est elle ou c'est sa sœur ! Il l'a dit. Dieu clément !
Mais l'un ou l'autre coup me frappe également !
En suis-je là, mon Dieu ! qu'il me faille maudire
Ou celle qui n'est plus, ou celle qui respire !
Ah! je l'entends... ma fille !

PIERRE, à part.

Ô Dieu ! sois indulgent !

SCÈNE XVIII.

LES MÊMES, MARIE.

MARIE, entrant sans voir son père ni Pierre.

Qu'a-t-il donc ? Et pourquoi refuser cet argent?
A-t-il perdu la tête ?... Ah ! mon père !... (Elle court à lui.)

JACQUES, l'arrêtant d'un geste.

Marie !

Écoute !...

MARIE, effrayée.

Qu'avez-vous?

JACQUES.

Ma vieillesse est flétrie!
Ce nom que je voulais, comme un dépôt sacré,
Transmettre à mes enfants, on l'a déshonoré !
C'en est fait ! et je dois mourir de ma blessure !
Ce n'est donc pas pour lui que ton père t'adjure,
C'est pour toi ! Car il veut que son dernier baiser

Sur un front innocent puisse encor se poser !
Et qu'à son dernier jour tout son cœur se reporte
Vers sa fille vivante ou vers sa fille morte !
       (Étendant les bras vers l'alcôve.)
Regarde ce berceau, Marie ! et réponds-moi !
Qui dois-je condamner de ta sœur ou de toi ?

MARIE, *poussant un cri.*
Ah ! mon Dieu ! mon Dieu !

JACQUES.
       Parle !

MARIE.
              Oh ! non, c'est impossible !
Vous ne l'avez pas cru... non !

JACQUES.
              Parle !

MARIE.
              Ah ! c'est horrible !

JACQUES.
Jeanne est-elle coupable ?

MARIE, *à part.*
       O Dieu ! je l'ai juré !

JACQUES.
Mais parle donc !

MARIE.
       Eh bien ! *(à part.)* Qu'importe ! j'en mourrai !
(Haut.)
Jeanne !...
    (Après un moment d'hésitation, elle reprend avec emportement,)
       Non, à mentir ma bouche est impuissante !
Non, je ne peux pas... Jeanne !...

JACQUES, *se cachant la tête et poussant un cri étouffé.*
              Oh !

MARIE, *après un silence, avec calme.*
                     Jeanne est innocente !
*(Pierre, qui a écouté toute cette scène avec anxiété, s'appuie sur la
       cheminée en cachant sa tête entre ses mains.)*

JACQUES, *après un silence.*
C'est bien ! Je ne veux pas te maudire... Va-t'en !
Je ne t'aime plus !... Pars !

MARIE, *à part, les yeux au ciel.*
              Oh ! si Jeanne l'entend !

JACQUES.
M'as-tu compris ?

MARIE.
       Partir ! vous quitter ! Quoi ! mon père !...

JACQUES.
Assez, te dis-je ! Eh laisse en repos ma colère !

MARIE,
Ah ! vous êtes cruel !
    (Allant au berceau.)

Viens, pauvre enfant ! Demain,
Ce soir, nous mendîrons ensemble notre pain !
Viens, toi dont le front pur n'a pas su trouver grâce !
Tu n'as plus de berceau pour dormir... On te chasse !
(On ouvre la porte.)
Ah ! *(Entendant Georges.)* Lui !

SCÈNE XIX.

LES MÊMES, GEORGES.

GEORGES, *à Jacques.*
Pardon, Monsieur, j'aurais dû respecter
Votre deuil... Mais j'avais à cœur de rapporter
Une croix que l'on m'a donnée...
MARIE, *s'avançant.*
Oui, je devine !
GEORGES.
Cette croix a, dit-on, une vertu divine !
Elle doit rendre heureux ! A quoi bon ? La voici.
Le bonheur n'est plus fait pour moi ! *(Il la rend à Marie, qui la
  prend lentement.)*
MARIE.
Quoi ! vous aussi !
Quoi ! votre cœur au mien ne sert pas de refuge !
Quoi ! dans chacun de vous je ne trouve qu'un juge !
Eh bien ! soit ! mais j'attends, en relevant mon front,
Le jour où, devant moi, mes juges pâliront !
Adieu ! puisque je suis de tous abandonnée !...
PIERRE, *s'élançant vers Marie.*
Non pas de moi ! Ton père en vain t'a condamnée !
En vain as-tu flétri toi-même ton honneur !
C'est encore de toi que dépend mon bonheur !
(Le docteur paraît au fond.)
Cet aveu si longtemps refoulé dans mon âme
Le voilà ! Dis un mot et tu deviens ma femme !
Non, tu n'as pu commettre une basse action,
Et je ne peux pas croire à ta corruption !
Cette tache imprimée à ton front, je l'efface !
Qu'on ose maintenant en retrouver la place !
J'adopte ton enfant, je lui donne mon nom !
Je lui donne ma vie ! Oh ! ne me dis pas non !
Grâce ! Consens au moins par pitié pour toi-même !
Que te dirai-je enfin ! Je t'honore et je t'aime !
(Il la serre dans ses bras.)
MARIE, *les yeux attachés sur Pierre.*
Oh !
LE DOCTEUR, *s'avançant.*
Mais de son honneur qui donc a pu douter ?
Ce nom, Monsieur, elle est digne de le porter.

MARIE, *avec effroi.*

Docteur !...

JACQUES, *se levant.*

Que dites-vous?

LE DOCTEUR.

Elle a rempli sa tâche.
C'est à moi de parler sous peine d'être un lâche !
Qui donc la défendra si je ne la défend?
C'est à genoux qu'il faut admirer cette enfant!
Qui par le rare effort d'une amour fraternelle,
Pour le crime d'autrui se livre criminelle!
Et souillant un honneur sans tache et sans remords,
S'accuse faussement pour respecter les morts!
Non ! je n'accepte pas un si dur sacrifice;
Et pour sa gloire, moi, je demande justice!
Oui, pour son dévouement, sa douleur, sa vertu!

JACQUES, *qui s'est levé et a écouté le docteur avec une émotion tou-*
jours croissante. (Il tombe aux pieds de Marie.)

Ma fille !... Marie!... Ah !...   Me pardonneras-tu?

MARIE, *le relevant.*

Mon père !

JACQUES.

Ah!

MARIE.

Mais... ma sœur?

JACQUES.

Sa faute est effacée.
J'oublie! En t'embrassant, l'ai-je pas embrassée?

LE DOCTEUR.

A la bonne heure donc !

MARIE, *à demi voix.*

O Jeanne!

GEORGES.

C'est à moi

D'implorer mon pardon !

MARIE.

Votre pardon! Pourquoi?
Je ne vous en veux pas, monsieur Georges, et j'espère
Que vous serez heureux.(*A Pierre, qui se dispose à sortir.*)
Où donc allez-vous, Pierre?

PIERRE.

Mais... je craignais...

MARIE.

Quoi donc?... (*Lui prenant la main.*)
Mon frère!...
(*Après l'avoir regardé en silence.*)
Ah! plus encor !

Mon époux !

PIERRE.

Moi!

MARIE, lui donnant sa croix.

Tenez, c'est pour vous ma croix d'or!

ACTE IV.

A VOL D'OISEAU.

Le théâtre est divisé en quatre parties. — A gauche, en bas, un salon richement meublé; la scène se passe chez Georges, à Paris. — Au-dessus, du même côté, la cellule de Rose dans un couvent de Nevers. — A droite, en bas, une chambre d'auberge; la scène se passe chez Henri, à Bade. — Au-dessus, du même côté, une petite chambre simple, éclairée par un rayon du soleil; la scène se passe à Blois, chez Pierre Breton.— Les murs qui séparent ces quatre chambres sont cachés aux yeux du public par un encadrement de feuillage et de fleurs.

Au lever du rideau, les quatre chambres sont ainsi occupées: A gauche, en bas, chez Georges, Pigeonneau est nonchalamment étendu sur un canapé; il dort. — Au-dessus, dans la cellule, Rose est agenouillée devant un prie-Dieu, parée comme une jeune mariée; elle prie.— A droite en bas, Henri est assis devant son bureau; il écrit. — Au-dessus, chez Pierre Breton, Marie est assise près de la croisée; elle travaille.

NEVERS.

ROSE, seule.

O Vierge sainte! ouvrez mes yeux à la lumière!
Dieu bon! pénétrez-moi de votre esprit vainqueur.
(*Un silence pendant lequel elle paraît absorbée dans sa méditation.*)
Mais non, je veux en vain calmer par la prière
Cette rébellion où s'épuise mon cœur.
Une image éternelle à mes yeux se redresse!

> Le temps n'en a rien effacé,
> Et ce cœur à jamais blessé
> D'une inguérissable tendresse,
> Dans ses désirs traîne sans cesse
> Un dernier regret du passé!

Hélas! pour qui ces fleurs qui couronnent ma tête?
A la foi d'un époux vais-je engager ma foi?
Est-ce pour nous, grand Dieu! que ton autel s'apprête?
Et me donné-je à lui comme il se donne à moi?
Ah! pénétrante ivresse! espérance ravie!

> De mes rêves triste lambeau!
> Pour d'autres le destin est beau!
> Et ce voile qui les convie
> A tous les bonheurs de la vie
> M'ensevelit dans le tombeau!

S'il avait seulement conservé ma mémoire !
Dieu ! si mon nom pour lui n'était pas étranger !
Mais que dis-je ? Le ciel me donne une autre gloire,
Et je lui devrai mieux qu'un bonheur passager.
Apportons à l'autel ma douleur résignée !

> Par la prière sois plus fort,
> Mon cœur ! Non, ce n'est pas la mort !
> Aux promesses de Dieu gagnée,
> Mon âme ici-bas dédaignée,
> Libre et pure entre dans le port !

(Elle prie en silence, la tête entre ses mains.)

BADE.

HENRI, *puis* LA BRIE.
HENRI, *appelant.*

La Brie ! La Brie !

LA BRIE, *entrant.*

Monsieur?..

HENRI.

Vous n'avez rien pour moi ? Pas de lettres ?

LA BRIE.

Monsieur attend des lettres ?

HENRI, *impatienté.*

Sans doute.

LA BRIE.

C'est qu'il se pourrait bien qu'elles se fussent égarées en route.

HENRI.

Qui vous fait penser cela ?

LA BRIE.

Monsieur change si souvent de nom.

HENRI.

C'est bon, laissez-moi ! *(La Brie sort.—Seul.)* Comment n'ai-je pas encore reçu d'argent ! Il est possible, en effet, qu'une lettre ait été perdue !.., mes indications étaient pourtant précises. *(Il se remet à écrire.)*

BLOIS.

MARIE, *seule, chantant en travaillant.*
Voici les roses éclore,
Voici chanter les oiseaux ;
Dans l'herbe et dans les roseaux
Voici courir des ruisseaux
La flot limpide et sonore.

BADE.

HENRI, *puis* LA COMTESSE.
HENRI, *se levant.*

Ah ! j'ai besoin de prendre l'air... *(Il se dispose à sortir.)*

LA COMTESSE, *entrant.*

Où allez-vous ?

HENRI.

Moi ? nulle part... dans la rue... J'étouffe ici !

LA COMTESSE.

N'y a-t-il pas un bal ce soir à la maison de conversation ?

HENRI.

Je l'ignore... Oui, je crois.

LA COMTESSE.

Voudrez-vous m'y conduire ?

HENRI, *ôtant son chapeau et le posant sur un meuble.*

Eh ! bon Dieu ! pourquoi faire ? Pour y rencontrer une cohue de désœuvrés qui, sous prétexte de santé, viennent bâiller à Bade toute la belle saison, et n'ont l'esprit occupé que de commérages. Autant vaut rester chez soi. (*Il prend un journal et s'assied.*)

LA COMTESSE.

J'ai cru que vous vouliez sortir ? (*Elle s'assied et prend une broderie.*)

BLOIS.

MARIE, *achevant sa chanson.*
Dans l'air prêt à s'enflammer
Bientôt mille feux vont luire ;
La brise, en passant, soupire
Et tout bas semble nous dire :
Voici la saison d'aimer.

BADE.

HENRI, LA COMTESSE.

LA COMTESSE.

De quoi parle votre journal?

HENRI.

De tout.

LA COMTESSE.

Quoi de neuf?

HENRI.

Rien.

LA COMTESSE.

Ah ! j'oubliais... Voici une note...

HENRI.

De qui ?

LA COMTESSE.

Du maître de l'hôtel.

HENRI.

Vous la lui avez demandée?

LA COMTESSE.

Moi ? non. Il me l'a fait remettre ce matin.

HENRI.

Pourquoi n'attend-il pas ?

LA COMTESSE.

Est-ce que vous ne pouvez pas le payer?

HENRI.

Mon banquier ne m'a pas encore répondu.

LA COMTESSE, *avec impatience.*

Ah !

HENRI.

Eh bien ! quoi ! Est-ce ma faute ?

LA COMTESSE.

Je ne dis cela; mais vous pourriez cependant ne pas nous exposer à de semblables embarras.

HENRI.

Si je n'avais été obligé de changer de nom pour vous soustraire à de fâcheux scandales, il est probable que cela ne serait pas arrivé.

LA COMTESSE.

Vos paroles sont bien dures, Monsieur.

HENRI.

Oui, vous avez raison, excusez-moi. Je souffre !

LA COMTESSE.

De votre blessure ?

HENRI.

Oui. Voilà cinq ans déjà! Et j'en souffre quelquefois comme au premier jour.

LA COMTESSE.

En effet, quand le temps est à l'orage; j'ai remarqué cela.

HENRI.

Fort bien. Je vous sers de baromètre apparemment?

LA COMTESSE.

Je vous assure qu'il devient impossible de causer avec vous.

HENRI.

C'est que vous me dites d'étranges choses, Madame...

LA COMTESSE.

Non, c'est que vous ne m'aimez plus !

HENRI.

Moi? Où voyez-vous cela? Perdez-vous l'esprit? Ne voulez-vous pas que je passe ma vie à vos pieds? Quelle plaisanterie ! parce que j'ai un peu d'humeur, est-ce à dire que je ne vous aime plus? Mais, répondez donc ! Ah ! tenez, je sors... cela vaut mieux pour vous et pour moi. — Adieu. — (*Il sort.*)

LA COMTESSE.

Assurément non, il ne m'aime plus! Le charme est détruit! Je lui suis un fardeau, une gêne !.. Pourquoi m'en étonnerais-je? Cela devait arriver !.. Que pouvais-je attendre d'une pareille liaison, le respect? Quelle folie ! Ai-je eu le respect de moi-même. Quelle distance y a t il encore de moi à une femme perdue? Sait-on où l'on s'arrêtera sur cette pente irrésistible où il suffit de faire un pas pour être précipitée !—Henri voudrait-

il me quitter? Non. Il ne le peut pas! Il est honnête homme !
Il n'abandonnera pas son enfant. Ah ! quelle amertume j'ai
dans le cœur ! (*Elle reprend sa broderie et s'assied.*)

BLOIS.

MARIE, *puis* JULES.

MARIE, *appelant.*

Jules ! — Mais voyez donc ce vilain garçon-là !
Il ne répondra pas ! Jules !.. Ah ! le voilà !

JULES, *entrant.*

Mère !..

MARIE.

Venez ici, Monsieur, que je vous gronde !
Comme le voilà fait ! Vous moquez-vous du monde ?

JULES, *pleurnichant.*

C'est...

MARIE.

J'avais défendu de descendre au jardin.
Avez-vous seulement travaillé ce matin ?
Mais non ! Cela ferait plaisir à votre mère !
Et quand il reviendra, que vais-je dire au père ?
Hein ?

JULES.

Ne le lui dis pas... je travaillerai bien

MARIE.

Vous promettez toujours et vous ne faites rien.

JULES.

Parole ?

MARIE.

Vrai ?

JULES.

Bien vrai.

MARIE.

Tenez, je suis trop bonne,
tEt je devrais ..

JULES , *suppliant.*

Oh ! mère !..

MARIE.

Allons, je vous pardonne !
(*Elle l'embrasse et le prend sur ses genoux.*)
Il me séduit toujours, ce méchant garnement !

JULES, *lui jetant les bras autour du cou.*

Tiens !

MARIE, *souriant.*

Mais voyez-le donc !.. Je l'aime trop vraiment.
Maintenant, voudras-tu rester un peu tranquille ?
Il faut que tu sois beau.

JULES.

Nous sortons dans la ville ?

MARIE.

Justement ; nous sortons dans la ville, et je veux
Autour de ton front rose arranger tes cheveux.

(*Elle s'occupe à coiffer l'enfant.*)

BADE.

LA COMTESSE, LA BRIE, PAUL.

LA BRIE, *tenant Paul par la main.*

Madame...

LA COMTESSE.

Qu'y a-t-il ?

LA BRIE.

C'est l'enfant qui veut aller se promener.

LA COMTESSE.

Eh bien ?

LA BRIE.

Eh bien, je vous l'amène.

LA COMTESSE.

Est-ce que vous ne pouvez pas sortir avec lui?

LA BRIE.

Non, Madame, j'ai affaire.

LA COMTESSE.

Promenez-le d'abord, vous ferez vos affaires ensuite.

LA BRIE.

C'est pour Monsieur que j'ai affaire, Madame.

LA COMTESSE.

Alors j'en suis fâchée, il ne sortira pas.

LA BRIE.

Un enfant ne peut pourtant pas toujours rester à la maison.

LA COMTESSE.

De quoi vous mêlez-vous ?

LA BRIE.

Ne voulez-vous pas que je l'aie sur les épaules depuis le matin jusqu'au soir.

LA COMTESSE.

Je veux que vous vous taisiez ; voilà ce que je veux.

LA BRIE.

Il y a des enfants qui ne sont guères heureux tout de
même.

LA COMTESSE.

Mais à qui croyez-vous donc parler, La Brie ?

LA BRIE, *ironiquement.*

A madame Henri de Vernon.

LA COMTESSE.

Eh bien ! madame de Vernon vous chasse, entendez-vous?

LA BRIE.

Madame veut donc que j'aille dire partout pourquoi elle m'a chassé ?

LA COMTESSE, *se calmant.*

Je vous répète que je ne veux pas sortir. Maintenant faites ce que vous voudrez, cela m'est indifférent. (*Elle sort.*)

PAUL.

Adieu, maman ! (*A La Brie.*) Qu'est-ce qu'elle a donc, dis ?

LA BRIE.

Elle a... qu'elle ne t'aime pas, parbleu ! (*Prenant un livre sur le bureau.*) Tiens, attends-moi en regardant les images ; je reviendrai te prendre tout à l'heure.

PAUL.

Bien sûr ?

LA BRIE.

Puisque je te le dis. (*Il met l'enfant dans un fauteuil et lui donne le livre.*) Guide des voyageurs. Amuse-toi avec ça. (*Il sort.*)

BLOIS.

MARIE, JULES.

JULES.

Est-ce fait ?

MARIE.

(*Le regardant.*)

Tout à l'heure. — Ah ! c'est que j'en suis fière !
N'est-ce pas mon enfant ? — As-tu fait ta prière
En te levant.

JULES.

Oui.

MARIE.

Songe à ne pas oublier
La pauvre âme pour qui je t'ai dit de prier.

JULES.

Jeanne !...

MARIE.

Oui, c'était ma sœur ! Elle est morte, cher ange !
Elle t'aurait donné tout son cœur ! En échange
Garde-lui dans le tien un pieux souvenir !
Défends-toi de rester un jour sans la bénir !
Il semble qu'en tes yeux encor je la revoie !
Ah ! qu'à te voir grandir elle aurait eu de joie !
Elle qui, dans ce monde, eût borné tous ses vœux
A passer, comme moi, sa main dans tes cheveux !

JULES.

Tu pleures.

MARIE.

Ce n'est rien !

JULES.

Va, ne pleure pas, mère !

Puisqu'ils sont dans le ciel, Jeanne avec mon grand'père,
Ils doivent être heureux ! le bon Dieu est si bon !
MARIE.
Oui, Jeanne est dans le ciel et te doit son pardon ! —
Il n'est rien qu'un enfant de ta bonté n'obtienne
O mon Dieu ! Car la voix d'un enfant c'est la tienne ! —
Cher petit ! c'est ma sœur qui t'embrasse avec moi !
(Elle l'embrasse.)
O Jeanne ! ce baiser, tu ne l'a pas eu, toi ! —
Allons, viens.
JULES.
Mais ne sois plus triste, je t'en prie !
MARIE.
Non, je ne le suis plus.
JULES.
Vrai ?
MARIE.
Veux-tu que je rie ?
Bon Jules ! Maintenant mets ta main dans ma main.
Dirait-on pas qu'on l'a barbouillé de carmin ?
Qu'il est beau ! S'il était raisonnable de même !
JULES.
Puisque je le serai.
MARIE.
Bien ! bien ! ah ! que je l'aime !
(Entr'ouvrant la porte de droite.)
Suzette ! nous sortons. Gardez bien la maison.
SUZETTE.
Oui, madame.
MARIE, à Jules.
Venez, monsieur.
JULES.
Adieu, Suzon. (Ils sortent.)
(Suzette remet tout en place dans la chambre.)

PARIS.

PIGEONNEAU, MARIETTE.
MARIETTE, entrant, à Pigeonneau.
Eh bien ! qu'est-ce que tu fais donc là, toi ?
PIGEONNEAU, s'éveillant.
Hein ? Est-ce que j'ai fini ?
MARIETTE.
Quoi, fini ?
PIGEONNEAU.
Monsieur Georges.
MARIETTE.
Tu le crois donc bien bas ?
PIGEONNEAU.
Dame !

MARIETTE.

Et ça ne te fait pas de peine à toi qui es son frère de lait?
Sans-cœur que tu es, va!

PIGEONNEAU.

Mon frère de lait! mon frère de lait! C'est toujours un maître avec tout ça! Et les maîtres, ma chère, ça ne vaut pas plus
que nous nous chagrinions pour eux, que ça ne se chagrine
pour nous. Quand tu viendras bêtement me faire de la morale...
Est-ce que tu n'es pas de mon avis toi-même? Il n'y a que
Paris pour vous délurer l'esprit, vois-tu, et tu y étais avant
moi.

MARIETTE.

Et qui songe à te faire de la morale, mon pauvre garçon?
Ce que j'en dis n'est que pour plaisanter.

PIGEONNEAU.

A la bonne heure, j'aime mieux ça; parce que si nous ne
sommes pas bêtes, vois-tu, nous pourrons bien tirer notre épin-
gle du jeu.

MARIETTE.

Comment?

PIGEONNEAU.

Ne veux-tu pas nous en aller d'ici les mains vides? Notre maître n'aurait qu'à nous oublier dans son testament... il y a des
gens si distraits! Quand on a soigné avec dévouement un malade, c'est bien le moins qu'on en retire quelque chose. (*Il va
à un meuble et l'ouvre.*) Au reste, je suis bien sûr que tu as déjà
fait quelques petites économies depuis le temps que je t'ai fait
entrer ici comme femme de charge.

MARIETTE.

Pardine! Me crois-tu plus sotte qu'une autre? Qu'est-ce que
tu cherches donc là dedans?

PIGEONNEAU.

Je prends un cigare.

MARIETTE.

A monsieur Georges?

PIGEONNEAU.

Parbleu! puisqu'il ne fumera plus, ça ne lui fait pas de tort.

MARIETTE.

C'est juste, je vais voir où il en est. (*Elle sort.*)

PIGEONNEAU, *allumant son cigare.*

Va. (*Mariette entre chez Georges.*)

NEVERS.

ROSE, SŒUR THÉRÈSE, *Rose est en prières.* — *On entend en dehors des chants religieux et des sons d'orgue.*

SŒUR THÉRÈSE, *entrant.*

Ma sœur.

ROSE, *se levant.*

Ah!...

SŒUR THÉRÈSE.

Tout est prêt. — Des pleurs !

ROSE, *se levant.*

Des pleurs de joie !

Pour rafraîchir mon cœur, c'est Dieu qui les envoie !
Oh ! je ne te crains plus, fantôme évanoui !
J'entends Dieu qui m'appelle et je suis tout à lui !
(*Elle sort avec sœur Thérèse. Les orgues cessent de se faire entendre.*)

BADE.

HENRI, PAUL *endormi*, (*il a laissé tomber son livre.*)
HENRI, *entrant et jetant son chapeau sur une chaise.*

Ah ! c'est une maladie que l'ennui... Le suicide ou la con-
somption, voilà les deux seules routes par où j'en sortirai. Oui,
cela est écrit, j'en viendrai là ! Quelle vide ! quel dégoût ! quelle
solitude!—Courage! jeune homme! Courtise les grandes dames,
provoque les aventures, mets au service de ton cœur tous les
enthousiasmes de ton imagination, éprends-toi d'une parisienne
spirituelle, coquette et voluptueuse ! Enlève-la à un mari bru-
tal qui ne saurait comprendre les mille délicatesses de cette
nature d'élite?... Sais-tu ce que tu trouveras le lendemain
sous cette enveloppe charmante? Une âme de fer, un cœur
d'acier, un esprit d'agioteur doublé d'astuce féminine, une
créature froide et égoïste qui aura calculé que son mari est
ruiné, et que tu as vingt-cinq mille livres de rente.— Mais que
t'importe ? Ne peux-tu pas la quitter? Regarde-t-on de si près
à une maîtresse ? N'es-tu pas Don Juan ou Lovelace !—Non! Tu
n'es tout simplement qu'un honnête homme, un niais, qui crois
encore à quelque chose, un père qui veut remplir son devoir.
Tu ne la quitteras pas, car tu as un enfant qui rive à jamais ta
chaîne, et maintenant, meurs entre cette femme que tu méprises,
et cet enfant qui ne porte pas ton nom! (*Il tombe sur une chaise.*)

PARIS.

PIGEONNEAU, MARIETTE *puis* LE DOCTEUR.— *On sonne.*
PIGEONNEAU, *sans bouger de place.*

Hein? qui vient-là ? (*Appelant.*) Mariette !

MARIETTE, *entrant.*

Qu'est-ce que c'est ?

PIGEONNEAU.

On sonne !

MARIETTE.

Eh bien ! C'est le docteur sans doute.

PIGEONNEAU.

Probablement.

MARIETTE.

Pourquoi n'ouvres-tu pas?

PIGEONNEAU, *fumant.*

Je suis occupé. (*On sonne de nouveau.*)

MARIETTE.

Effronté paresseux, va ! (*Elle sort.*)

PIGEONNEAU, se *levant.*

Diable ! diable ! il ne faut pourtant pas que ce bon docteur sente l'odeur du cigare ici. (*Il ouvre la fenêtre.*)

LE DOCTEUR, *entrant suivi de Mariette.*

Eh bien ! Comment a-t-il passé la nuit?

MARIETTE.

Ah ! ne m'en parlez pas, monsieur le docteur... Un si bon maître !...

LE DOCTEUR.

Il a beaucoup toussé, n'est-ce pas ?

PIGEONNEAU.

Au point que j'ai cru qu'il allait rendre l'âme, Monsieur. C'est navrant !

LE DOCTEUR.

A-t-il dormi?

MARIETTE.

Pas une minute.

LE DOCTEUR.

Et la potion calmante que j'ai ordonnée hier?

MARIETTE.

La potion calmante?

PIGEONNEAU.

Quelle potion calmante ?

LE DOCTEUR.

Je vous ai remis moi-même l'ordonnance.

PIGEONNEAU, *portant son mouchoir à ses yeux.*

Ah ! Monsieur...

LE DOCTEUR.

Vous l'avez oubliée, n'est-ce pas?

PIGEONNEAU.

C'est si affreux de voir souffrir les gens qu'on aime.

LE DOCTEUR.

Oui, vous êtes pleins de sensibilité tous les deux.

MARIETTE ET PIGEONNEAU.

Ah ! (*Le docteur entre chez Georges.*)

PIGEONNEAU, *à Mariette.*

Pourquoi n'y as-tu pas pensé, toi?

MARIETTE.

Eh bien ! Et toi ?

PIGEONNEAU.

C'est vrai aussi... avec leurs ordonnances et leurs fioles... on ne s'y reconnaît plus. (*Il reprend son cigare.*)

MARIETTE.

Mets-toi à la fenêtre au moins.

PIGEONNEAU.

C'est juste. (*Il se met à la fenêtre; Mariette entre chez Georges.*)

BADE.

HENRI, PAUL *endormi*.

HENRI.

Et je pouvais être heureux cependant ! Ah ! souvenir qui ne ne me quitte pas ! Bonheur que j'ai méconnu ! douce image que je vois encore flotter devant moi ! Rose ! chère enfant ! Tu m'aimais, toi ! et moi, insouciant et vaniteux, je me laissais éblouir aux coquetteries de la grande dame, et je dédaignais l'humble fille qui détournait la tête et pleurait en silence ! Ah ! mon cœur les a recueillies ces larmes ! elles y ont germé, elles y ont fait naître un amour insensé qui ne sait plus où prendre haleine et que tu ne connaîtras même pas ! Qu'est-elle devenue? (*Tirant de son portefeuille une fleur séchée.*) Le sais-tu pauvre fleur séchée? doux témoin de nos adieux ! toi mon seul confident ! mon seul regret ! mon seul bien ! mon seul rêve !... Quoi ! je ne pourrai pas retourner en arrière ! J'aurai tout perdu ! repos, jeunesse, avenir, bonheur !... Il faudra que je marche, et que je marche encore, et toujours dans cette voie maudite ! Ah ! misérable existence ! irréparable folie ! Elle m'est odieuse cette femme ! Je la hais !

PAUL, *s'éveillant.*

C'est toi, père?

HENRI, *se retournant.*

Hein? tu étais là !... Pauvre enfant !

PAUL, *allant à Henri.*

Oui. La Brie avait dit qu'il viendrait me chercher pour m'emmener avec lui... il n'est pas venu... (*Prenant la main d'Henri.*) Dis donc, j'ai vu hier, par la croisée, une mendiante qui embrassait son petit.

HENRI.

Eh bien?

PAUL.

Pourquoi donc maman ne m'embrasse-t-elle pas, elle?

HENRI.

Hélas! (*Le repoussant.*) Tiens, laisse-moi !

PAUL.

Tu ne m'aimes donc pas non plus, toi?

HENRI, *très-ému.*

Oh ! si, je t'aime ! Ne dis pas cela, ne dis jamais cela... Va, je la remplacerai ta mère ! je t'embrasserai, moi ! (*Il l'embrasse et le prend sur ses genoux.*) Viens ! viens ! encore ! encore !...

LA BRIE, *entrant.*

Voilà une lettre pour monsieur.

HENRI.

Donnez. (*Il l'ouvre.*)

LA BRIE.

Est-ce que c'est du banquier de Monsieur?

HENRI, *tirant de la lettre quelques billets, dont il donne une partie à La Brie.*

Oui. Portez cela à Madame. (*Prenant Paul dans ses bras.*) Une mère qui ne sait pas même embrasser son enfant! Viens avec moi! viens! (*Il l'emmène.*)

LA BRIE, *seul.*

Quel dommage que ces chiffons de papier ne soient pas à moi! (*Il va pour entrer chez la comtesse et s'arrête.*)

PARIS.

PIGEONNEAU, GEORGES, LE DOCTEUR.

LE DOCTEUR, *soutenant Georges. — Georges est appuyé sur le bras du docteur; il a la figure hâve et amaigrie. — Pigeonneau est encore à la fenêtre.*

Courage, vous dis-je! Il ne faut pas désespérer comme vous faites! Je vous gronderai, moi... vous n'êtes pas raisonnable.

GEORGES, *s'asseyant.*

Je vous remercie, docteur, de vos bonnes paroles; mais je vous répète qu'elles ne m'abusent pas. Tout est fini, je le sens, et vos soins me seront inutiles.

LE DOCTEUR.

Encore une fois, non. Vous êtes un enfant, et vous devriez chasser de votre esprit ces vilaines idées noires qui ne sont propres qu'à empirer le mal.

GEORGES, *à Pigeonneau qui se dispose à fermer la fenêtre.*

Non, ne ferme pas cette fenêtre, j'ai besoin d'air. (*Pigeonneau sort.*)

BADE.

LA BRIE, *allant et venant les billets à la main,*

Oui, certainement, on ferait bien des choses avec cet argent-là... si on voulait... (*Il s'assied et réfléchit.*)

PARIS.

GEORGES, LE DOCTEUR.

GEORGES.

Vous croyez que je tiens beaucoup à la vie? Non, docteur, vous vous trompez! La vie! qu'en ai-je fait, bon Dieu! Voyez, je suis seul, oublié, abandonné à la merci de mes domestiques! Je n'ai pas de femme, pas d'enfants, pas d'amis! Mon frère, s'il existe, ne sait pas même si je suis malade! et je mourrai sans avoir pu lui serrer la main!

LE DOCTEUR.

Encore n'êtes-vous pas abandonné de votre cousin, monsieur de Salgues?

GEORGES.

Oui ; il me rend visite, celui-là ! Mais croyez-vous que je sois
dupe de ses grimaces? Vous savez bien que c'est à ma succession, et non pas à moi qu'il prend intérêt.

LE DOCTEUR.

Votre succession!

GEORGES.

Sans doute.. Mon frère a disparu de Londres avec cette
femme... le bruit de sa mort a couru... On n'a pas retrouvé sa
trace... et, à son défaut, c'est monsieur de Salgues qui hérite de
tout mon bien. (*Après avoir dit ces mots, d'une voix presqu'éteinte,
il s'arrête comme un homme épuisé.*)

LE DOCTEUR.

Ne parlez pas... cela vous fatigue.

GEORGES.

Oui. (*Se levant avec effort.*) Aidez-moi, je vous prie, à marcher jusqu'à cette fenêtre... j'étouffe!... (*Appuyé sur le docteur,
il s'approche de la fenêtre.*)

BADE.

LA BRIE, *puis* LA COMTESSE.

LA BRIE, *se levant.*

Allons, allons, ce diable d'argent me brûle les doigts, il me
ferait faire quelque sottise. (*Il se dirige vers la chambre de la
comtesse.*)

LA COMTESSE, *entrant.*

C'est vous?

LA BRIE.

Oui, Madame. Monsieur vient de recevoir une lettre de son
banquier; et il m'a chargé de vous remettre... (*Il lui donne les
billets.*

LA COMTESSE, *à part.*

Enfin !

LA BRIE, *à part.*

Ouf! je ne serai pas encore pendu cette fois-ci.

LA COMTESSE.

Dites au maître de l'hôtel de venir me parler. (*La Brie sort.*)
Sa fille s'occupe de broderie, je crois, je lui donnerai ces dentelles à mettre en état. Oui, je veux paraître à ce bal! je veux
qu'Henri me trouve belle encore ! Je ne l'ai pas fait assez souffrir, c'est pour cela qu'il ne m'aime plus !.. (*Cherchant sur le
bureau.*) Où donc est cette note?.. Ah! (*Elle s'assied et examine
le papier.*)

PARIS.

GEORGES, LE DOCTEUR, *puis* DE SALGUES.

**GEORGES, *debout dans l'embrasure de la fenêtre, le coude appuyé
sur un fauteuil.***

Ah! je l'ai revue cette nuit! c'était comme un rêve! je ne

dormais pas cependant !.. Je l'ai vue distinctement, entourée d'une auréole lumineuse ! elle avait un enfant sur ses genoux, et, le soutenant d'une main contre son cœur, elle arrangeait de l'autre les boucles de ses cheveux blonds ! Elle était vraiment belle, comme ces saintes vierges de Raphaël, qui tiennent dans leurs bras l'Enfant Jésus.

LE DOCTEUR.

De qui parlez-vous?

GEORGES.

Ah ! Docteur, ai-je besoin de vous la nommer? (*Après un silence.*) Où est-elle maintenant?

LE DOCTEUR.

A Blois.

GEORGES.

Avec son mari?

LE DOCTEUR.

Oui.

GEORGES.

Est-elle heureuse?

LE DOCTEUR.

Oui.

GEORGES.

Que Dieu la garde !.. — Qui vient-là?

LE DOCTEUR.

Votre cousin.

GEORGES, *avec dégoût.*

Ah !

DE SALGUES, *entrant.*

Pardon ! mille fois pardon ! C'est moi ! j'ai voulu venir chercher moi-même des nouvelles de notre cher malade ! Eh bien ! comment nous sentons-nous? (*Georges ne répond pas.*)

LE DOCTEUR.

Toujours faible, mais cela ira mieux.

DE SALGUES.

Ah ! vous me ravissez ! Ce pauvre cousin ! C'est qu'il nous a presque inquiétés, savez-vous ?

GEORGES, *entre ses dents*

Bifacies !

DE SALGUES.

Plaît-il ?

GEORGES.

Rien. Ah ! je souffre ! C'est du feu qui me coule dans les veines ! Je veux regagner ma chambre, docteur ! (*Il se lève avec effort.*)

DE SALGUES.

Voulez-vous me permettre de vous y conduire? Appuyez-vous sur moi, cousin, ne vous gênez pas.

LE DOCTEUR, *près du guéridon.*

Je vais écrire là mon ordonnance.

GEORGES.

Adieu ! docteur.

LE DOCTEUR.

A demain, mon ami !

GEORGES, *souriant*.

Croyez–vous ? (*à de Salgues qui lui offre son bras.*) Non,
merci ; je puis marcher seul, vous dis-je ! (*Il chancelle et va
pour tomber.*)

DE SALGUES.

Je vous en prie.

GEORGES, *avec douleur, en s'appuyant sur de Salgues.*

Ah ! (*Il rentre chez lui avec de Salgues, le docteur écrit son
ordonnance.*)

LE DOCTEUR, *à Mariette qui entre.*

Portez cela chez le pharmacien, tout de suite.

MARIETTE.

C'est qu'il pleut, Monsieur.

LE DOCTEUR.

Voulez-vous que j'y aille moi-même?

MARIETTE.

Oh ! non, Monsieur. (*A part.*) J'enverrai Pigeonneau.

LE DOCTEUR.

Allez. (*Mariette sort.*)

DE SALGUES, *rentrant.*

Docteur...

LE DOCTEUR.

Monsieur...

DE SALGUES.

Eh bien ?

LE DOCTEUR.

Quoi ?

DE SALGUES.

Entre nous... là... franchement, que pensez-vous du cousin ?

LE DOCTEUR.

Il est tout à fait perdu.

DE SALGUES.

Est-ce possible?.. Ah ! c'est navrant !

LE DOCTEUR, *à part*

Tiens ! il a pris le mot de Pigeoneau.

DE SALGUES.

Et quand croyez-vous que ce pauvre ami ?...

LE DOCTEUR.

Je crains qu'il ne passe pas la nuit.

DE SALGUES.

Sitôt?...

LE DOCTEUR.

Oui, Monsieur.

DE SALGUES.

Si son frère était là, du moins. Mais on n'en a toujours pas
de nouvelles, n'est-ce pas ?

LE DOCTEUR.

Non, Monsieur.

DE SALGUES.

C'est bien triste !

LE DOCTEUR.

Oui, il y a des familles malheureuses ! (*Il prend son chapeau.*)
Je vous salue, Monsieur. (*Il sort.*)

DE SALGUES, *saluant.*

Monsieur.... (*Seul.*) Diable ! diable ! il n'y a pas de temps à
perdre. Pourvu qu'il ne fasse pas comme mon oncle, qui était
si malade, et qui se porte si bien maintenant !... Ne le quittons
pas d'une minute. (*Il entre chez Georges.*)

MARIETTE, *entrant.*

Pigeonneau y est allé...
(*Mariette s'accroupit devant la cheminée et continue à préparer
de la tisane.*)

BADE.

LA COMTESSE, *seule.*

Ah ça ! mais, ce monsieur l'aubergiste se fait bien attendre.
(*Elle prend des dentelles et cherche à les rajuster elle-même.*)

BLOIS.

MARIE, JULES, *puis* SUZETTE.

MARIE, *à Jules qu'elle tient par la main.*

Es-tu fatigué ?

JULES.

Non, j'ai faim !

MARIE.

Prends patience,
Cher enfant ! le dîner est bientôt prêt, je pense ;
  (*Appelant.*)
Suzette !
  (*A Jules, qui tient un pan de sa robe.*)
Lâche donc !

SUZETTE, *entrant.*

Madame !

MARIE.

Le dîner !

SUZETTE.

J'avais cru que Monsieur...

MARIE.

Cinq heures vont sonner.
C'est l'heure où d'habitude il revient de sa classe,
Et vous savez qu'il aime à trouver tout en place.
(*Aidée de Suzette, elle commence à préparer la table. — L'enfant
joue dans un coin.*)

PARIS.

MARIETTE, PIGEONNEAU.

PIGEONNEAU, *entrant.*

Brrr ! Que le diable t'emporte avec ton ordonnance ; je suis trempé !

MARIETTE.

Et la potion ?

PIGEONNEAU.

La voilà ! Allons, porte-lui vite sa drogue, et reviens ; j'ai à te parler. (*Il s'assied, Mariette entre chez Georges.*)

BADE.

LA COMTESSE, HENRI.

LA COMTESSE, *jetant sur la table les dentelles qu'elle essayait d'arranger.*

Décidément, j'y renonce ! (*à Henri qui entre.*) Ah ! vous voilà ! Eh bien ! le grand air a-t-il dissipé votre mauvaise humeur ?

HENRI.

Non, Madame.

LA COMTESSE.

Espérons, du moins, que le bal de ce soir la dissipera.

HENRI.

Pas davantage ; je n'irai pas à ce bal.

LA COMTESSE.

Comme il vous plaira, j'irai seule.

HENRI.

Je ne crois pas.

LA COMTESSE.

Comment ?

HENRI.

Je viens de payer le maître de cet hôtel, et j'ai donné ordre qu'on attelât notre chaise de poste ; faites vos préparatifs, nous partons dans un quart d'heure.

LA COMTESSE.

Et pour quel motif, s'il vous plaît ?

HENRI.

Que sais-je ? Je m'ennuie à Bade ; peut-être m'ennuierai-je moins ailleurs.

LA COMTESSE.

Je trouve au moins étrange, Monsieur, que vous ne m'ayez pas fait la grâce de m'en prévenir. En vérité, depuis quelque temps, vous avez avec moi de singulières façons d'agir ! Suis-je une esclave, à votre avis, pour que vous disposiez ainsi, selon votre caprice, de mon temps et de ma volonté ?... Encore, si vous ne rendiez pas des domestiques témoins de vos brusqueries ! Mais non, leur présence même ne vous arrête pas, vous semblez prendre à tâche de leur donner l'exemple, et j'en suis venue là de courber la tête sous les insolences d'un monsieur La Brio, que je n'ai pas le droit de chasser Vous ne me respectant plus, qui donc me respectera, Monsieur? Eh! mon Dieu! je sais bien tout ce que vous pouvez me reprocher? Un peu de coquetterie, n'est-ce pas? Le goût de la dépense, un esprit futile, soit! Cela ne vous excuse pas! Car vous me connaissiez, enfin, quand vous avez lié ma vie à la vôtre, et si vous ne m'aimez plus, vous ne devriez pas oublier du moins que je suis une femme!...

HENRI, avec emportement.

Une femme! Vous, une femme! Et qu'avez-vous donc de la femme, de l'amante, de la mère? Rien! rien! rien! (*La comtesse effrayée se laisse tomber sur une chaise.*) De l'argent! des calculs de bourse, de billets de banque, voilà ce qui vous tient lieu de cœur! Vous n'avez rien aimé! rien! pas même votre enfant! Et vous voulez... (*Riant aux éclats.*) Mais vous êtes folle! mais demandez-moi donc de l'argent! Tenez! tenez! en voilà! Et rien autre chose, entendez—vous? Nous en sommes là depuis cinq ans, Madame! Que dites-vous du boulet que je traîne aux pieds? Ah! ne faites-donc pas semblant de pleurer!... vous savez bien que vous m'avez appris à ne plus croire aux larmes!... Et maintenant, je vous le répète, hâtez-vous!.. nous partons!

LA COMTESSE, accablée.

Ah! je suis perdue!

HENRI.

Et moi? — Allez! je vous attends! (*La comtesse sort en se cachant la tête entre les mains. — Henri va ouvrir une porte et appelle.*)

HENRI.

La Brie!...

LA BRIE, paraissant.

Monsieur...

HENRI.

Fermez les malles, nous partons.

LA BRIE.

Oui Monsieur. (*Il sort.*)

HENRI, seul.

En vérité, j'aurais voulu qu'il raisonnât comme à son ordinaire, je lui aurais brisé la tête. (*Il se met à la fenêtre.*)

PARIS.

PIGONNEAU, DE SALGUES, MARIETTE.

MARIETTE.

Comment, Monsieur, vous croyez que c'est l'agonie?

DE SALGUES.

J'en suis sûr, et c'est pourquoi il faut nous presser. Courez chez le juge de paix, et priez-le de venir le plutôt possible.

PIGEONNEAU.

Pourquoi faire?

DE SALGUES.

Pour poser les scellés, parbleu !

PIGEONNEAU.

Les scellés ! (*D'une voix violente.*) Je ne quitterai certainement pas mon maître dans l'état où il est.

MARIETTE.

Ni moi non plus.

DE SALGUES.

Tenez, voici un louis pour votre peine.

PIGEONNEAU, *de plus en plus plaintif.*

Non, Monsieur.

DE SALGUES.

En voici deux.

MARIETTE.

Oh ! non Monsieur.

DE SALGUES.

C'est bien, j'y vais moi-même. (*En sortant.*) Quelle race
méprisable !

PIGEONNEAU.

Il se croit donc bien honnête homme, lui !..., Voilà le moment, Mariette !

MARIETTE.

Que vas-tu faire ?

PIGEONNEAU.

Tu le verras. (*Il allume une bougie. Trouvant une montre sur un
meuble.*) Tiens ! sa montre !... Un souvenir ! (*Il met la montre
dans sa poche.*) Allons, vite, aide-moi avant l'accident. (*Il ouvre
un meuble et commence à faire des paquets.*)

MARIETTE.

Si le docteur revenait ?...

BLOIS.

MARIE, JULES, PIERRE, *des livres et des papiers sous le bras.*

MARIE, *courant au-devant de Pierre.*

Enfin, c'est toi !

PIERRE.

Moi-même ! Embrasse-moi, ma chère !

(*Il l'embrasse.*)

MARIE, *prenant les livres, qu'elle dépose sur un meuble.*

Comme tu reviens tard aujourd'hui ?

JULES.

Bonjour, père !

(*Pierre prend Jules sur ses genoux. — Marie sort.*)

BADE.

HENRI, *seul.*

Voyez si elle reviendra ! Ah ! j'ai besoin de brûler le pavé !
Il me semble que cela me fera du bien !

NEVERS.

SŒUR THÉRÈSE, ROSE. (*Rose entre suivie de sœur Thérèse ; elle porte un habit de religieuse. Sœur Thérèse pose sur une table un flambeau qu'elle tient à la main.*)

SŒUR THÉRÈSE.

Je vous quitte, dormez !... et que Dieu vous protége !

(*Elle sort.*)

ROSE, *seule.*

C'en est fait ! Pourquoi donc ce doute qui m'assiége ?
Pourquoi ce dernier trouble en mon cœur oppressé,
Ne pourra-t-il jamais oublier le passé ?

(*Elle tombe à genoux devant le prie-Dieu.*)

PARIS.

PIGEONNEAU, MARIETTE.

PIGEONNEAU, *cherchant partout.*

Où diable a-t-il fourré son argent ?

GEORGES, *en dehors, d'une voix éteinte.*

Mariette !

MARIETTE.

Dis donc !

PIGEONNEAU.

Quoi ?

GEORGES, *de même.*

Mariette !

MARIETTE.

Entends-tu ?

PIGEONNEAU.

Eh bien ?

MARIETTE, *tremblante.*

Mon Dieu ! que j'ai peur !

PIGEONNEAU.

Que tu es bête !... (*Il se remet à ouvrir les tiroirs. Mariette se dirige vers la chambre de Georges et écoute.*)

BADE.

HENRI, LA COMTESSE, LA BRIE. (*La comtesse entre suivie de La Brie, qui porte un sac de nuit.*)

LA COMTESSE.

Me voici, Monsieur.

HENRI, *à La Brie.*

Tout est-il chargé ?

LA BRIE.

Oui, monsieur.

HENRI.

C'est bien. Allez chercher l'enfant.

(*La Brie pose à terre le sac de nuit et sort. La comtesse s'assied. Henri se promène les bras croisés.*)

PARIS.

PIGEONNEAU, MARIETTE, DE SALGUES, UN COMMISSAIRE DE POLICE, *puis* GEORGES.

DE SALGUES, *entrant.*

Ah! ah! je vous y prends, mes gaillards!

PIGEONNEAU, *à part.*

Sacrebleu!

DE SALGUES, *au commissaire.*

Vous voyez que je ne vous avais pas trompé, Monsieur.

LE COMMISSAIRE, *faisant signe à un agent de police qui paraît sur le seuil.*

Arrêtez-les!

MARIETTE, *suppliant.*

Mais Monsieur!...

L'AGENT, *prenant Pigeonneau par le bras.*

Allons!

(Georges entre en se soutenant à peine, et hagard comme un fantôme. On ne l'aperçoit pas.)

LE COMMISSAIRE.

Maintenant, Monsieur, il s'agit de poser les scellés, n'est-ce pas?

DE SALGUES.

Attendez! Je vais vous le dire. (*Il se dirige vers la chambre de Georges.*)

GEORGES, *s'avançant.*

Misérables! misérables! (*Il tombe.— Tout le monde reste frappé de stupeur et entoure le cadavre de Georges.*)

BADE.

HENRI, LA COMTESSE, LA BRIE, PAUL. (*La Brie rentre avec Paul, qu'il tient par la main.*)

HENRI.

Partons! (*La comtesse se lève. — Ils se disposent tous à partir.*)

BLOIS.

MARIE *a servi le potage. — On commence à dîner.*

NEVERS.

ROSE, *toujours prosternée, fait entendre des sanglots étouffés.*

Le nuage qui a caché la scène entre le premier et le deuxième acte repasse devant le théâtre.

ACTE V.

LES NIÈCES DU DOCTEUR.

LE CABINET DU DOCTEUR.

Le nuage, en disparaissant, laisse voir la décoration du premier acte. — La toile du petit théâtre est levée. Il est divisé en quatre compartiments, et représente exactement ce qu'on a vu à la fin de l'acte précédent, — D'un côté, Pierre, Marie, Jules et Suzette.—De l'autre, Henri, la Comtesse, La Brie et Paul. — En troisième lieu Rose, et enfin dans le quatrième compartiment, Georges, Pigeonneau, Mariette, de Salgues, le Commissaire et l'Agent de police : tous figurés par des marionnettes.

SCÈNE PREMIÈRE.

GEORGES, HENRI, PIGEONNEAU, *puis* LE DOCTEUR.

(Georges et Henri regardent en silence, tout en achevant leur cigare, Pigeonneau a un air ahuri et presqu'effrayé. La toile du petit théâtre tombe.)

GEORGES.

Diable !

HENRI.

C'est fini ? Ah ! ma foi, bravo ! (*Plus' fort.*) Bravo ! l'auteur ! l'auteur ! Je demande l'auteur !

GEORGES.

A bas la claque ! (*Le docteur paraît.*)

HENRI.

Ah !

LE DOCTEUR, *saluant.*

Messieurs, la pièce que mes pensionnaires ont eu l'honneur de représenter devant vous, est de votre très-humble serviteur...

HENRI.

Monsieur, je vous en fais mon compliment.

GEORGES.

Pas moi.

HENRI.

Pourquoi donc ça ?

GEORGES.

Je représente la critique.

LE DOCTEUR.

Et toi, Pigeonneau ?

PIGEONNEAU.

Monsieur le docteur, vous dire l'émotion... la... Ce gredin de Pigeonneau, voyez-vous... si je le tenais... quelle canaille, Monsieur !... Penser que je me suis conduit de cette façon-là avec un si bon maître, voyez-vous, c'est navrant !... Non, pas navrant, autre chose !... (*à Georges.*) Monsieur ! je vous prie bien de croire que ce n'est pas moi... parce que... voyez-vous...

mon caractère... je suis honnête homme, Monsieur, et je n'ai qu'un désir ; c'est que vous soyez à l'agonie... vous verrez !... tandis que lui... (*sanglotant*.) Ah !

LE DOCTEUR.

Là ! là ! voyons, remets-toi ! puisque c'est pour rire.

PIGEONNEAU, *sanglotant toujours*.

C'est ce que je fais, Monsieur ! C'est ce que je fais ! Ah ! non ! je n'irai pas à Paris ! ah ! non ! Madelon doit être à la cuisine ! Je vas lui dire que je l'épouse ! (*pleurant plus fort*.) Si elle veut encore de moi, mon Dieu !

HENRI.

Mais sot que tu es! puisqu'elle ne sait pas que tu es un in-fâme coquin !

PIGEONNEAU.

C'est vrai, Monsieur!... (*à Georges*.) Je vais toujours vous rendre votre montre... allons ! bien ! je me confonds encore avec l'autre. Monsieur le maire a bien raison de dire que la comédie corrige les mœurs, en riant par exemple ! Oh ! non ! ça n'est pas Pigeonneau ! ça n'est pas le vrai Pigeonneau ? (*Il sort*.)

SCÈNE II.

LES MÊMES, *moins* PIGEONNEAU.

GEORGES.

Décidément, docteur, vous avez abruti ce pauvre diable !

LE DOCTEUR.

En quoi donc, s'il vous plaît? Il montre vraiment du cœur, ce garçon, et plus que je n'en attendais de lui.

HENRI.

Allons, vous nous avez débité là un joli morceau, et vos ma-rionnettes sont bien habillées.

GEORGES.

Ce que j'admire, moi, ce sont les quatre compartiments de la fin. On dirait une diligence ; heureuse idée ! Comment diable pouvez-vous y faire manœuvrer tous vos pantins ?

LE DOCTEUR.

Vous n'avez donc pas vu les rainures ménagées dans le plafond.

GEORGES.

Ma foi, non. Est-ce que les décorations sont aussi de vous docteur ?

LE DOCTEUR.

Raillez ! raillez ! je reconnais bien là mon public de première représentation.

GEORGES.

N'en dites pas de mal, ou je siffle.

LE DOCTEUR.

Ah ! voyons, pas de mauvaise plaisanterie !

GEORGES.

Auteur que vous êtes, allez ! — Il était temps de finir, il n'y a plus de madère.

HENRI.

Sais-tu bien, Georges, que ton rôle est superbe? J'en suis presque jaloux, moi.

GEORGES.

Allons donc! tu n'as pas à te plaindre, ce me semble?

LE DOCTEUR.

Sont-ce de beaux rôles? je l'ignore... Mais je crois qu'ils sont vrais.

HENRI.

Et le vôtre, docteur, est-il vrai aussi?... Peste! vous ne vous dites pas de sottises, et vous êtes vraiment le modèle de ces docteurs classiques qui ont des tabatières en or, et qui récompensent la vertu.

LE DOCTEUR.

N'est-ce pas l'emploi des pères nobles?

GEORGES.

Parbleu! l'emploi des filles vertueuses n'est pas mal touché non plus! Je m'attendais toujours à les voir couronner rosières, moi!

LE DOCTEUR.

Ah! c'est que j'avais de bons modèles.

HENRI.

Et qui donc, sans indiscrétion?

LE DOCTEUR.

Mes deux nièces, mon cher Monsieur... Rose et Marie dont mes héroïnes ont gardé l'âme aussi bien que le nom.

HENRI.

Enfin, à quoi tend votre comédie, docteur?

LE DOCTEUR.

A rien; sinon à vous distraire. Y ai-je réussi? *That is the question!*

> Si de vous agréer je n'emporte le prix,
> J'aurai du moins l'honneur de l'avoir entrepris.

GEORGES.

Bon! vous ne dites pas le fin mot de votre pensée, et nous savons bien que avez voulu nous donner une leçon.

LE DOCTEUR.

Une leçon! à Dieu ne plaise! Je sais que vous n'êtes pas hommes à en recevoir. Je raconte une histoire, voilà tout. C'est à vous d'en tirer les conclusions que vous voudrez.

HENRI.

Et que faut-il en conclure, s'il vous plaît? Que toutes les comtesses sont des coquines?

GEORGES.

Que tous les maîtres d'étude sont des saints.

HENRI.

Que les salons du grand monde ne sont hantés que d'intrigants et de voleurs.

GEORGES.

Que la vertu habite nécessairement chez les professeurs de géométrie.

HENRI.

Que les enfants en bas âge ne sont jamais embrassés de leur mère. (Acte III. — Compartiment numéro 2.)

GEORGES.

Que lesdits enfants sont tous sages comme des images et font le bonheur de papa et de maman. (Acte III. — Compartiment numéro 1.)

HENRI.

Que les cousins ont généralement la mauvaise habitude de faire poser les scellés avant qu'on ne soit bien mort.

GEORGES.

Que les demoiselles de compagnie sont fatalement malheureuses, innocentes et persécutées !...

HENRI.

Que le monde est un coupe-gorge, enfin ! la vie une mystification, et qu'il n'y a plus qu'à se brûler la cervelle !

GEORGES.

Ou bien, plutôt, qu'en dehors des logarithmes, l'existence est semée de roses, et que le bonheur consiste, une fois marié, à faire servir le potage à cinq heures précises.

HENRI.

Voilà les simples questions que je vous adresserai, docteur ? Vous avez la parole, allez !

GEORGES.

Qu'est-ce que vous avez à dire ? répondez !... Voyons, répondez !

HENRI.

Il ne répond pas... Mais répondez donc !

LE DOCTEUR.

De tout mon cœur si vous voulez bien m'écouter. La réponse est simple. C'est que tout n'est pas noir, mon cher Georges, pas plus que tout n'est rose, mon cher Henri. Je ne prétends pas que le monde soit un coupe-gorge, comme aussi je n'ai pas voulu dire qu'il fût un paradis. Quand l'ange Ituriel demande à Babouc s'il faut détruire Persépolis, celui-ci lui présente une petite statue composée d'argile et de pierres précieuses et lui dit : « Briserez-vous cette statue parce qu'elle est mêlée d'éléments contraires ? » L'ange Ituriel entend à demi-mot, et comprend que si tout n'est pas bien, tout est passable. Me sera-t-il permis de conclure comme l'ange Ituriel ?

GEORGES.

Et la conclusion de votre conclusion ?

LE DOCTEUR.

C'est que la sagesse n'est pas dans les extrêmes ; c'est qu'il ne faut avoir pour les hommes et pour les choses, ni engoûment exagéré, ni mépris aveugle; c'est que le monde est nécessairement mêlé d'honnêtes gens et de fripons, de coquetterie et de vertu, de rouerie honteuse et de simplicité charmante! c'est qu'il ne faut ni se livrer absolument à lui, ni s'en éloigner tout à fait, et que, sur toutes choses enfin, le ménage est le milieu, où, placé à une égale distance de la foule et de la solitude, on a le plus de chance de rencontrer le bonheur.

HENRI.

Ce qu'il y a de plus clair dans tout cela, docteur, c'est que vous avez deux nièces charmantes!

GEORGES.

Et qu'un seul de leurs regards en dit plus que toute votre comédie.

LE DOCTEUR.

A la bonne heure ! L'oncle vous pardonne votre sévérité pour l'auteur.

HENRI.

Dites-moi donc.... Est-ce que vous n'avez pas une plume par ici ?

LE DOCTEUR.

Vous voulez écrire?

HENRI.

Oui, deux mots avant le souper.

LE DOCTEUR, *lui indiquant une porte latérale.*

Vous trouverez là tout ce qu'il vous faut?

GEORGES.

A qui écris-tu donc?

HENRI.

A mon notaire.

GEORGES.

Parbleu! tu me donnes envie d'écrire au ministre de l'intérieur, toi.

LE DOCTEUR.

Au ministre de l'intérieur?

GEORGES.

Oui, docteur... pour vous faire obtenir un des prix moraux destinés aux auteurs vertueux.

LE DOCTEUR.

Je vous en serai obligé. (*Georges et Henri entrent dans la pièce voisine.*)

SCÈNE III.

LE DOCTEUR, *seul.*

Que vont-ils faire et que dois-je espérer? Ai-je réussi à les convaincre? On voit rarement que les comédies aient cet empire... et l'avare n'a pas plus corrigé les avares que Tartuffe n'a corrigé les hypocrites. Ah! ces jeunes gens ont raison! Les yeux d'une belle fille sont plus puissants à pénétrer les cœurs que tout ce que je pourrais dire, et si l'amour gagne ici quel-

que chose, mes nièces le devront bien moins à moi qu'à elles-
mêmes!... N'importe! voilà toujours mes voisins avertis qu'on
a pour eux quelque tendresse!... Et cela est d'un bon présage
qu'ils se soient enfin avisés que mes nièces avaient de beaux
yeux. Il faut s'en remettre du reste et à la providence..., et au
souper.

SCÈNE IV.

LE DOCTEUR, MARIE, ROSE.

MARIE.

Peut-on entrer, mon oncle?

LE DOCTEUR.

Oui, mon enfant!

ROSE.

Comment,
Ces Messieurs sont déjà partis?

LE DOCTEUR.

Pour un moment.
Ils écrivent, je crois, dans la chambre voisine.

ROSE.

A qui?

LE DOCTEUR.

Mais, je ne sais. Pourquoi?

MARIE.

Moi, je devine.
C'est pour Paris.

ROSE.

Hélas! je m'en doutais aussi.
Quand je te le disais, qu'ils s'en iraient d'ici.

MARIE.

Ils annoncent là-bas qu'ils quittent la campagne,
Dites?

ROSE.

Que le bonheur tous deux les accompagne!

MARIE.

Ah! que ce grand château va nous sembler désert!

ROSE.

S'ils revenaient, du moins, après les mois d'hiver!

MARIE.

C'est vrai; de voir les gens, la trop grande habitude
Rend plus insupportable encor la solitude.

ROSE.

Quelque chose manquait sans doute à leurs désirs!
Ils trouveront ailleurs de plus bruyants plaisirs.

MARIE.

Mais non pas l'amitié dont eux-mêmes se privent.
Car c'est bien pour cela, n'est-ce pas, qu'ils écrivent?

6

LE DOCTEUR.

Tout ceci, mes enfants, veut dire sans détour
Qu'un nouvel hôte loge ici.

ROSE.

Qui donc ?

LE DOCTEUR.

L'amour !

ROSE *et* MARIE.

L'amour !..

LE DOCTEUR.

Pourquoi rougir ? C'est chose légitime !
Et Dieu qui l'inventa n'en a pas fait un crime !
Laissez, que je regarde avec ravissement
S'épanouir en vous ce doux étonnement,
S'attendrir vos regards, et dans vos yeux éclore
Ces premières pudeurs de l'amour qui s'ignore !
En vain du poids des ans, le cœur est déjà lourd
Alors qu'on n'aime plus, on aime encor l'amour.
Chères filles !.. (*Il les serre dans ses bras.*)

ROSE.

On vient !..

LE DOCTEUR.

Oui, je crois les entendre !

ROSE.

Mon Dieu !

LE DOCTEUR, *souriant.*

Quoi donc ? Votre oncle est là pour défendre.

ROSE.

Je n'ose plus lever les yeux !

MARIE.

Ni moi vraiment.

LE DOCTEUR.

Allons !.. (*A part.*) C'est éternel et c'est toujours charmant !

SCÈNE V.

LES MÊMES, GEORGES, HENRI *tenant tous deux une lettre à la main.*

LE DOCTEUR.

Arrivez donc ! on vous attend.

HENRI.

Mesdemoiselles !.. (*bas à Georges.*) Vois donc, c'est qu'elles
sont charmantes toutes deux !

GEORGES.

Charmantes !

LE DOCTEUR.

Vous avez écrit ?

HENRI.

Oui, docteur, et voici nos lettres.

LE DOCTEUR.

Voulez-vous que je les fasse porter à la ville ?

GEORGES.

C'est inutile ; et nous en chargerons Pigeonneau.

LE DOCTEUR.

Justement le voici.

SCÈNE VI.

LES MÊMES, PIGEONNEAU.

PIGEONNEAU, *d'une voix encore émue.*

Monsieur, je vous annonce que le souper est servi.

LE DOCTEUR.

Dieu me pardonnne, on dirait plutôt qu'il nous apporte une mauvaise nouvelle. Le voilà encore tout ému, ce pauvre garçon !

MARIE.

De quoi donc, mon oncle ?

LE DOCTEUR.

Mais, d'une petite comédie que j'ai joué ici à huit-clos ! Ne vois-tu pas que mon théâtre est en grande toilette ?

ROSE.

Sans nous ? Ah ! mon oncle !..

LE DOCTEUR.

Ecoute donc, c'est qu'il s'agissait....

HENRI.

C'est qu'il s'agissait de deux fous dont auriez pris méchante opinion aux portraits qu'en a faits le docteur. Permettez-leur de se faire connaître à vous autrement que par la comédie de votre oncle.

ROSE.

Comment ?

LE DOCTEUR.

Je t'expliquerai cela...Pour l'heure, passons à table.

GEORGES.

Allons, Pigeonneau, éclaire-nous.

PIGEONNEAU.

Oui, Monsieur. Mais je dois d'abord vous dire que, décidément, j'épouse Madelon, et que je ne puis vous accompagner à Paris.

HENRI.

A Paris ? mais nous n'y allons pas, imbécile !

ROSE.

Quel bonheur !

MARIE, *bas.*

Mais silence donc !

HENRI, *remettant sa lettre à Pigeonneau.*

Tiens! voilà pour la comtesse de Lansac; elle dansera sans moi.

LE DOCTEUR.

C'est donc là votre notaire?

GEORGES, *de même.*

Et voici pour mon journaliste. Il ennuyera ses abonnés tout seul.

LE DOCTEUR.

C'est donc là votre ministre?

PIGEONNEAU.

Alors, c'est différent, Monsieur, je vous garde!

GEORGES.

Drôle!..

PIGEONNEAU.

Pardon! vous me gardez, c'est ce que j'ai voulu dire.

LE DOCTEUR.

Allons, Messieurs, à table!

HENRI, *à Rose.*

Voici mon bras, Mademoiselle!

GEORGES, *à Marie.*

Voici le mien! (*Pigeonneau les précède en portant les flambeaux; Henri sort avec Rose, Georges avec Marie; le docteur les suit des yeux.*)

LE DOCTEUR, *se frottant les mains.*

Allons, c'est ma dernière cure; mais, ma foi, c'est la plus belle!...

FIN.

POISSY. — TYPOGRAPHIE ARBIEU.